Raúl Martínez Rosario

# LA TRAVESÍA EN YOLA: *Odiseas a Puerto Rico*

Novela

Tercera edición

## Obsidiana Press

www.obsidianapress.net

Raúl Martínez Rosario

# La travesía en yola:

## *Odiseas a Puerto Rico*

Novela

*Tercera edición*

## Obsidiana Press

www.obsidianapress.net

Primera edición: 1993

Segunda edición: 2006

Tercera edición: agosto, 2020


Entrescrito.com

e-mail: raulmartinezrosario@yahoo.com

raulmartinezarosario.tripod.com

ISBN 978-1-948114-25-7


Obsidiana Press

w w w . o b s i d i a n a p r e s s . n e t


e-mail:

editores@obsidianapress.net

Tel.: (917) 853-5095

El gran escritor y humanista dominicano, Prof. Juan Bosch, destaca la relevancia del relato del autor: "...hiciste la travesía y la labor muy meritoria de contárnosla."

Mesa de honor en la puesta en circulación de "La travesía en yola". (Junio, 1993) Al centro, el profesor Juan Bosch, ex-presidente de la República Dominicana, felicita a Raúl Martínez Rosario por su libro sobre la emigración ilegal dominicana a Puerto Rico. Además, integran la mesa, de izquierda a derecha, los poetas José Alejandro Peña y Diomedes Núñez Polanco, y la actriz Karla Haton.

El autor, Raúl Martínez Rosario hace entrega de su libro La travesía en yola al dos veces presidente constitucional de la Rep. Dominicana Dr. Leonel Fernández, a quien también entregó un ejemplar de su libro: "La testigo y otros cuentos." (Agosto, 2006). El entonces primer mandatario felicitó muy calurosamente al autor por su labor literaria.

El destacado escritor dominicano Marcio Veloz Maggiolo acompaña a Raúl Martínez Rosario, habiendo Maggiolo definido el contenido de *La travesía en yola* como: "un trabajo muy importante y muy interesante acerca de la emigración ilegal dominicana a Puerto Rico."

# Reconocimiento

A la profesora Ángel a I. Robledo, de la Universidad de Illinois, que con mucho interés leyó el manuscrito y me ayudó en la presentación final del trabajo.

Mi agradecimiento a mi estimado amigo, don Juan Suárez (1943-2020), que en la etapa inicial del manuscrito me alentó e hizo sugerencias que hicieron de *"La travesía en yola"* un mejor libro.

Una mención especial  a mi entrañable amigo, Carlos Paulino, que me recibió en Chicago y cuya amistad es una de las cosas más bellas con que he contado en la vida. También mi gratitud a mi tío, Manuel Peralta Martínez y a Nereida Morales, sin cuyos auspicios yo no hubiera hecho el viaje.

\* \* \*

Por otro lado, expreso sentidas gracias a la actriz Karla Haton y al Dr. Diomedes Núñez Polanco, por participar junto al profesor Juan Bosch en la puesta en circulación de *"La travesía en yola"* (junio, 1993), también expreso mi gratitud al Dr. Rafael Núñez Cedeño, profesor de la Universidad de Illinois-Chicago, por darme acceso a algunas clases de Literatura Hispánica en tan prestigiosa Universidad. Mi reconocimiento y mi cariño al poeta José Alejandro Peña, mi amigo de niñez, que me asesoró y acompañó en los momentos de la publicación de *La Travesía* en un medio que él conoce tanto. Y, finalmente, mi eterna gratitud a la relacionadora pública, la periodista y gran amiga mía, Bienvenida Jiménez, por su incondicional ayuda en todo momento.

Raúl Martínez Rosario

A Mercy Raquel Martínez Guillén
Con todo mi amor paterno

A Francisca Rosario "Blanca" (1933-2002)
con eterna gratitud por ser tan devota madre

A la memoria de mi
noble abuela Modesta Martínez (Modestina)

Y en honor a todos los emigrantes.

# Introducción

*La travesía en yola* es el primer libro en mostrar el drama real de los dominicanos que se van a Puerto Rico ilegalmente en frágiles embarcaciones de madera. Presenta muy de cerca no sólo una travesía temeraria, sino también, la descomposición de gran parte de la sociedad dominicana, muchos de cuyos valores no hallan otra salida que no sea irse al extranjero para sobrevivir. Tratan de cambiar su realidad, la de un país de gobiernos corruptos e insensibles que, junto a entidades privadas, sólo toman en cuenta al ciudadano común para provecho propio. En este libro, el autor nos adentra a mirar la forma en que él y más de medio centenar de emigrantes viajaron a Puerto Rico. Con su relato tan evocativo, consigue que los que hayan hecho un viaje en yola a Puerto Rico, lo encuentren retratado en estas páginas y que, aquellos que no lo hayan hecho, vivan la experiencia más cercana a realizarlo. Su relato nos permite ser testigos de la realidad socioeconómica de la República Dominicana, del negocio de los viajes ilegales y de las dificultades que encuentran los ilegales que, habiendo llegado a Puerto Rico, quieren pasarse para los Estados Unidos. Más que nada, este libro nos presenta a más de medio centenar de viajeros que, a bordo de una frágil y pequeña embarcación de madera, libran, por varios días, una gran batalla por sobrevivir en un mar embravecido. Su equipaje: sed, agotamiento, hambre e inseguridad. Este es un testimonio que presenta al ser humano bajo un grado máximo de tensión y de ansiedad: un retrato fiel de las odiseas que han costado la muerte a miles de dominicanos que han intentado salir de su país en busca de una vida mejor.

Sra. Betty Rossis

# CAPITULO 1

## Al encuentro de otros viajantes

Era el nueve de enero y, mientras el sol caribeño escondía sus últimos hilos anaranjados, nuestro auto recién emprendió el trayecto de Santo Domingo a La Romana. Leo, el capitán del viaje, manejaba en silencio y fumaba un cigarrillo mientras los otros ocupantes del carro hablábamos del mar. Yo tenía veintitrés años, cuatrocientos dólares en mi cartera y la determinación de llegar a los Estados Unidos. Pesaba ciento cuarenta libras, que hacían delgado mi cuerpo de seis pies. Mis ojos de color café reflejaban aún ingenuidad, la ingenuidad que arrastraba desde antes de los años de mi adolescencia pasados en devota entrega a la Iglesia Evangélica. Pensativo iba, mientras el auto seguía desplazándose hacia el Este por la carretera rodeada por los inmensos campos verdes cubiertos de caña de azúcar. "No te vayas en yola --me había dicho mi madre--; esos viajes son muy peligrosos. Mejor cásate y ten tus hijos a temprana edad." Recordaba sus palabras regocijado por no haberle hecho caso, pues, aún bajo el aire de tensión que producen esas travesías, ya yo sentía en mi aliento el sabor de la victoria, la victoria de dejar un país de penurias y de miserias y de no volver a él hasta que mi suerte fuera un poco mejor. "Duraré siete años sin volver a casa," planeaba, sin sospechar siquiera que habría de volver más pronto de lo que podía imaginar, molido por una aplastante derrota.

--Tenemos que esperar a que avance más la noche para continuar el viaje a la playa --explicó Leo, al tomar un desvío hacia uno de los barrios de La Romana--; es más seguro hacer estos viajes en las madrugadas. Mientras tanto, ustedes habrán de esperar en uno de tres grupos que viajarán. Más tarde pasaremos a recogerlos; no se preocupen, adonde los llevo es un sitio seguro, los anfitriones son de mi confianza; además, la espera será de tan sólo unas horas.

A poco tiempo nos detuvimos frente a una vivienda en estado de reconstrucción. Leo, alto y delgado, de treinta años de edad, nos condujo por un callejón de tierra negra al patio de la casa ocupado por medio centenar de hombres y mujeres notablemente ansiosos. Unos cuantos se incorporaron al oírnos llegar. Los demás permanecieron en los puestos que, en diferentes sitios del ancho patio habían acondicionado para sí y sus pertenencias. La luz que salía por la puerta trasera de la casa alumbraba tenuemente. Algunos viajeros fumaban recostados. Leo nos dijo:

--Acomódense ustedes también.

Me acotejé sobre la bolsa plástica en que cargaba mis cosas. Juan se sentó a mi lado. Mientras tanto, Leo contestaba las preguntas de algunos. Pero no pasó gran tiempo en el sitio. Explicó que debía asegurarse de que todo anduviera bien, de ultimar detalles. Cuando se disponía a partir, dijo:

--No tardaré en regresar. Dentro de poco tiempo estaremos en la playa y mañana a esta hora, estaremos llegando a Puerto Rico. No salgan a la calle; pero si es indispensable, que no sea en grupo. Tres personas son muchas, cuatro demasiadas. Hay que evitar problemas; nunca faltan los chivatos.

Se marchó dejando tras de sí el murmullo de los viajantes.

Preguntas y respuestas estaban a flor de labio. ¿De dónde eres tú? ¿Por qué te vas en yola? ¿Has intentado el viaje antes? ¿Cuántas horas se toma la travesía? ¿Se moja uno mucho en el mar? ¿Crees que se puede confiar en estos bregadores? Eran algunas de las tantas preguntas que cualquier viajero hacía o debía contestar. Muchos se complacían en preguntar y en dar detalles de sus temores y esperanzas y de la situación que los impulsaban a hacer el viaje. Las últimas tragedias de que daban cuenta los periódicos eran desconocidas por muchos. Los viajes en yola a Puerto Rico comenzaron a multiplicarse a principios de los ochenta. Azotados por vientos de desesperanza y miseria, mucha gente buscaba salir del país por todos los medios. A menudo eran apresados en el intento y otras veces morían masivamente en los constantes naufragios de yolas; o perecían en casos resonados como el del "Regina Express", nombre de un barco de carga de matrícula panameña en el que, el 6 de septiembre de 1981, casi 40 personas intentaban viajar de Santo Domingo a Miami de polizones. Los introdujeron al barco el jefe de máquina y otros empleados. Pero en la víspera de que la nave zarpara, surgió la denuncia de que la nave traficaba con gente y la comandancia del puerto ordenó su exhaustiva revisión. Para despistar a los inspectores, el jefe de máquina y sus cómplices encerraron a treinta de los viajantes en el tanque de lastre del navío y, para despertar menos sospecha, introdujeron agua con una manguera al tanque donde estaban encerrados los polizones. Mientras se revisaba el barco, el agua subía más de lo debido en el tanque de lastre, apagando los últimos golpes y gritos de los encerrados. Veintidós murieron asfixiados y sólo ocho lograron sobrevivir las varias horas que estuvieron escondidos en aquel tanque de lastre. Por otro lado, muchos determinados a viajar, si no obtenían la tan anhelada visa norteamericana, alentados por disponer de sumas suficientes, intentaban llegar a los Estados Unidos yéndose a Méjico o a algún país de Centro América y desde allí a Méjico, para de Méjico tratar de cruzar la frontera méjico-estadounidense.

En el patio de la casa, las amenas conversaciones no languidecían. Los que habían navegado en yola en alguna ocasión anterior atraían mayor atención. Un joven que pregonaba haber estado en Puerto Rico resumía animado sus experiencias:

--Estos viajes pueden ser extremadamente difíciles. Yo logré hacer uno hace tres años.  Después he fracasado en cuatro intentos. La primera vez que me fui, fue una maravilla. Éramos como veinticinco. Hicimos el recorrido en trece horas. El mar estuvo siempre sereno y plano: ¡como un plato! Lo más difícil fue cuando llegamos a Puerto Rico. Atracamos como a las tres de la madrugada y los tipos que nos llevaron nos hicieron desmontar y enseguida se devolvieron en su yola. Debimos penetrar en un bosque escabroso y, en lo que se dice berenjena, cada cual se desparramó por su lado. Quedé con un compañero y todavía a las tres de la tarde estábamos perdidos. ¡Eso fue fuerte! Teníamos la piel cortada por la maleza; estábamos acabados por las hormigas y por los mosquitos; con hambre, con sed, con sueño, cansados y muy lejos de Villa Palmera.

--¿Y qué pasó entonces? --le animó una joven a continuar su historia.

--Dios nos socorrió. Hallamos un puertorriqueño que nos sacó del lugar y nos dejó pasar la noche en su casa. Al otro día también nos ayudó a conseguir transporte.

--¡Tuvieron mucha suerte! --comentó una mujer avanzada en edad--. Lo que no me explico es el por qué estás aquí, muchacho.

--Cosas que se le meten a uno, doña. Duré tres meses en Puerto Rico. Hasta tenía trabajo. Pero me hacían una falta insufrible mi país y mi gente. Aquí tenía amigos y novias.

--Eres bien tonto --le dije--; después de que yo me vaya, volveré con documentos para poder regresar cuando desee. Retornaría sin ellos sólo si me trajesen a la fuerza.

--Pero ahora no pienso regresar, ya le he perdido el amor a todo; si logramos el viaje, dudo que yo regrese --concluyó él, algo abstraído, como si hablara más para sí mismo que para quienes le escuchábamos.

Sus palabras y las de otros lograban que Juan y yo fuéramos un poco más realistas en cuanto a lo que podría esperarnos. No estábamos preparados para un viaje difícil; ni siquiera cargábamos comida. Otros viajantes, en cambio, además de sus ropas transportaban agua y alimento. Yo cargaba un bolso plástico con ropa interior, dos pantalones y dos camisas. También cargaba un pequeño toca-casetes con tirantes y audífonos; disponía yo también de algunos casetes de merengues y de baladas: (Mudanza y Acarreo de Juan Luis Guerra, Vagabundear de Joan Manuel Serrat y baladas variadas de Sonia Silvestre). Vestía un pantalón caqui, amarrado al cinto con una correa negra de cuero de res. La camisa era blanca, mangas largas, con rayas verticales grises; los zapatos, también  grises, me los había traído mi tío Manuel desde Puerto Rico el pasado diciembre.

Fuimos por el barrio a comprar alimento con un joven recién conocido y complaciente qué nos contó que su novia había navegado en yola a Puerto Rico hacía cinco meses y que lo instaba a que él también hiciera la travesía. Nos recomendó comprar salami, galletas y queso. Obtuvimos estas provisiones  en una pulpería cercana. Al regresar al patio, hallamos a la gente hablando de las mismas cosas. Mientras escuchábamos, Juan acomodó las provisiones compradas en su mochila de escolar. Del nutrido grupo, la mayoría era mujeres que no llegaban a los treinta años de edad. La más conversadora volvió a usar una lujosa cámara fotográfica en contra de las advertencias de algunos que insistían en que el flash de luz iba a llamar la atención de algún vecino. Pero ella alegaba que las fotos que tomaba a los viajantes serían los recuerdos más preciados que documentarían nuestra travesía como ninguna otra anterior. Que mostraría las fotos que tomaba a sus familiares y amigos y que las conservaría para que las vieran sus hijos y sus nietos cuando ella fuera vieja. Cuando por fin, acogiéndose a las sugerencias de algunos, decidió guardar la cámara, la levanto muy en alto y alardeando insistió:

--¡Esta cámara es cara! Me la mandaron de Nueva York. Mañana seguiré tomando fotos en el mar; imagínense ustedes tener fotos de aquí, fotos en el mar, fotos al llegar... mañana seguiré tomando más fotos.

Pasó la cámara a otra joven que estaba tumbada a su lado en un cartón, usando su equipaje como almohada. Al recibir la cámara, su compañera, con voz de súplica y nerviosa le dijo:

--¡Ana, mujer, cállate y siéntate! No es mañana que nos vamos es hoy: es de madrugada y esos hombres deben de estar al llegar.

Mi reloj cuadriculado marcaba las 12:45 a.m. Habían cerrado la puerta trasera de la casa y no se escapaba luz hacia el patio; pero la noche fresca y estrellada había aclarado mucho. Se distinguían con precisión la gente y las cosas. Al final del patio, en un rincón, quedaba la letrina. Una cortina gris y mugrienta cubría su puerta. Era de bloques sin empañetar al igual que la casa y las paredes divisorias del patio. La reconstrucción de la vivienda iba adelantada; faltaba echarle el piso, enlucirla y pintarla.

A la 1:30 de la madrugada, Juan y yo, ya más conocedores de navegaciones y naufragios, compartíamos la espera. Ana, la joven de la cámara, había proporcionado mucha información. Se había sentado en el suelo junto a su compañera. Tenía el pelo recogido, unos jeans negros y blusa amarilla, calzaba tenis blanco. Por el color trigueño aceituna de Ana y de su compañera, llegué a pensar que eran hermanas. Pero su conversación aclaró que eran amigas. La segunda joven se llamaba Carmen. Era más pequeña que Ana y permanecía casi todo el tiempo en silencio, mientras que Ana seguía extrovertidamente conversando con los hombres y las demás mujeres del grupo.

--¡Me encanta la forma en que hablas! --dijo Ana a Juan, halago que mi compañero tomó como poco sincero. Lo creyó una burla.

Disipaba el sueño la inquietud por la pronta partida y la incertidumbre que se enroscaba en nuestros corazones. Mientras algunos vociferaban desconfianza, los más optimistas insistían en que Leo nunca engañaba a sus clientes y que se aseguraba de que llegaran a Puerto Rico. Algo era cierto: sus cientos de clientes transportados eran su mejor propaganda. Desde Puerto Rico o desde Nueva York, lo recomendaban y hasta lo encargaban para que les llevara a familiares a Puerto Rico. Este era uno de sus viajes más concurrido de Leo, ya que el total de los viajantes sobrepasaba el centenar de gente, procedentes de la capital, del Cibao, del mismo pueblo de La Romana, de Higüey... Los demás viajantes estaban distribuidos en dos casas cercanas. Zarparíamos desde playa "El Macao", al noreste de Higüey, a dos horas de distancia.

Faltaban pocos minutos para que Leo regresara. Juan, algo nervioso, en su hablar cibaeño, susurró a mi oído:
--Raui, ¿cuánto te va a cobrai Leo?
--¡Augusto! --le corregí yo, acordándole que de tal modo debíamos referirnos a Leo para no delatar su verdadero nombre. "Augusto", debíamos nombrarle como era conocido por muchos, como se hacía llamar aun por sus ayudantes.

--Aguto o de cuaiquiéifoima que ei quiera que lo llamen, ¿cuánto te va a cobrai? --insistió mi compañero.

Juan y yo éramos, tal vez, las únicas personas a las cuales Leo no exigió el pago por adelantado. Además, nos había reducido el precio del pasaje. Yo habría de pagar $300 dólares y Juan una cantidad similar. Por petición suya, no diríamos cuanto pagábamos. Él temía que otros insistieran en rebajas. Tampoco habríamos de mencionar su verdadero nombre o comentar que tenía residencia de los Estados Unidos y que viajaba legalmente a Puerto Rico. Yo creía que Juan tenía que pagar más dinero que yo, y por lo tanto, hallaba embarazoso revelarle lo que yo pagaría. El precio del viaje era US$500 dólares o RD$1,500 pesos, su equivalentes en moneda dominicana. Leo mismo recolectaba el dinero o lo hacía Frank, su más confiado ayudante.

Juan y yo conocimos a Leo en una agencia de alquiler de vehículos donde habíamos trabajado. A menudo, había ofrecido llevarnos a Puerto Rico a un precio menor del que acostumbraba cobrar. Juan se decidió primero que yo a hacer el viaje. Hacía cinco meses que trabajaba para la agencia y le entusiasmó la idea de formar parte de uno de los viajes de Leo desde que tuvo conocimiento de ellos. Juan tenía veintidós años; era carirredondo, de tez blanca, baja de estatura y algo rechoncha. Recién había llegado a la capital desde San Francisco de Macorís, su pueblo natal y vivía en el sector Herrera en la casa de un hermano suyo. Poco después de llegar del Cibao, fue empleado por la agencia, sustituyó, en horario de la mañana, a Tonín, un anciano de presencia alegre que me había entrenado en el oficio de la renta de vehículos y que, contrario a lo que había esperado, fue despedido. Juan tenía una hermana en los Estados Unidos que le prometió que ella haría los trámites para llevárselo a vivir legalmente a ese país; pero él no quería esperar todo el tiempo que eso tardaría.

--Raui vámono dete maidito paí --A menudo, Juan insistía.

Yo no quería dejar mi empleo como encargado de rentas. Era el primero trabajo de importancia que había tenido en toda mi vida. La oficina en que laboraba estaba ubicada en el área del Aeropuerto Internacional de Las Américas y me facilitaba practicar el inglés con muchos de los turistas que acudían a alquilar vehículos. Había aprendido el inglés sin maestro, con manuales y grabaciones a los que acostumbré dedicarles seis horas diarias complementadas con dos horas de oyente de alguna emisora extranjera con transmisiones en inglés y sintonizable sólo tarde de la noche los domingos. A veces también daba una caminata por el Malecón o la Ciudad Colonial para propiciar entrar en conversación con algún turista de habla inglesa. Con todo ello, después de un tiempo, me había hallado capaz de hablar y de leer el inglés a un nivel aceptable. Eso hizo posible que obtuviera mi empleo de encargado de rentas.

Me gustaba mi ocupación; pero cada vez mis ingresos me alcanzaban para menos. La galopante inflación cada día los reducía más y más. Ganaba $133 dólares al mes y soñaba con tener una casa, un carro e hijos que no se criaran como los niños de los barrios de Santo Domingo: sufriendo hambre, desnudez, carencia de medicina, de educación… Por eso decidí irme. Los arreglos para el viaje se habían dado aprisa, casi de improviso, aunque tuve mucho tiempo para pensarlo. Conocí a Leo uno de los primeros días en que comenzaba a trabajar en la agencia de alquiler. Aún recibía mi entrenamiento en el oficio de alquiler de vehículos y del manejo de la oficina. Y una soleada tarde, cuando ya los compañeros de trabajo habían anunciado:

"Hoy vienen los pescadores a buscar un minibús. Tienen otra pesca entre mano."

Esa tarde se apersonó aquel joven alto, muy delgado y de rostro acuchillado. Le llamaban Leo y había llegado acompañado de dos jóvenes mas, siendo todos objeto de un recibimiento muy caluroso. Ellos, por su parte, repartieron propinas, ron y cigarrillos. Y alborozadamente respondieron las preguntas de Tonín, el encargado de rentas que me entrenaba. El se empecinó en averiguar:

"¿Qué tal fue la pesca anterior? ¿Cuántos pescados llevaron? ¿Cómo llegó la pesca? ¿Cuándo irán de pesca nuevamente...?"

No hallé lógica alguna a la jerga en la que hablaron. Cuando los jóvenes se marcharon, le dije:

--¿Tonín, esos hombres son pescadores?

Aunque anciano, Tonín era tan amante de hacer burlas, como lo era todavía de un buen merengue, del ron y de las mujeres. Se echó a reír con mis palabras y hasta hizo saber a otros compañeros de trabajo mi ingenua pregunta. Y después de que cada cual echó su carcajada y su broma, en tono serio, Tonín me secretó:

--El flaco hace viajes a Puerto Rico. Si te quieres ir, te lleva en un dos por tres.

--Le dejo eso --respondí-- a los que no tienen trabajo. Pero ya que conseguí empleo aquí, no tengo ninguna prisa en dejar este país. Además, me gustaría irme para los Estados Unidos, no para Puerto Rico.

--En Puerto Rico, vas a ganar lo mismo que en los Estados Unidos: dólares y no los miserables pesos que te vas a ganar aquí y cuando quieras, desde Puerto Rico sólo te hará falta tomar un avión para irte pa' Nueva York, o pa' Chicago, donde dices que tienes un amigo que te quiere ayudar.

--No crea que es tan fácil --le dije-- pasarse de Puerto Rico para los Estados Unidos. Comentan que en el aeropuerto de San Juan, personal de inmigración y otros empleados federales están alertas para evitar que los dominicanos indocumentados crucen para los Estados Unidos.

--Eso es lo que dicen; pero después de que tú estés allá --aseguró confiado--, pasarás sin problemas.

--Si cree todo tan fácil, ¿por qué usted no se va?

A mi pregunta, respondió en tono muy serio:

--Yo tengo mi mujer y también tengo casa propia. Además,

ya mis hijos están criados. Y como soy amigo del dueño de este negocio, no creo que me despidan de este trabajo... pero si yo tuviera tu edad o al menos cuarenta años, es decir, dieciocho menos de los que tengo, te juro que ya me hubiera ido; porque tú sabes cómo están todas las cosas en este país: caros y muy deficientes --enumeró con los dedos--: el servicio de transporte, el de agua, el de luz, el de gas, el médico. Y no hay ni señas de que esos y otros tantos males que tenemos vayan a mejorar, sino todo lo contrario.

Después de que hube pasado casi dos semanas de entrenamiento, Tonín volvió a cubrir sólo el horario de la mañana. Yo quedé a cargo de la oficina en el horario de la tarde. Leo casi siempre acudía en las tardes. Me tocaba a mí atenderlo con más frecuencia para alquilarle o recibirle los vehículos. Una de esas tardes, mientras le llenaba un contrato de alquiler, Leo me dijo:

--Dice Tonín que no te quieres ir para Puerto Rico.

--Quiero salir del país --aclaré--, pero sin arriesgar mi vida.

--¡Arriesgar tu vida! --protestó él--. Yo brego bien. Tengo años en el negocio y todavía no se me ha ahogado una sola persona...

Siguió hablando y, con emoción, se desbordaba en explicar las razones que hacían su empresa diferente de las demás organizaciones de viajes. Hablaba y fumaba. Yo tenía en mi mano su licencia de conducir, una licencia expedida en Puerto Rico. De esa licencia extraía los datos con los que llenaba el contrato de alquiler. Hubo un momento en que, mientras él hablaba, yo interrumpí mi labor y miré fijamente su cara de niño inofensivo y triste. No dilató en hacer silencio intrigado. Entonces le dije:

--Puedes ser todo lo bueno que dices, pero sé que te vas a Puerto Rico por avión, mientras envías a los pasajeros en yola.

--Me voy en avión --justificó--; pero después de que despido a los viajantes de la playa dominicana. Me voy en avión para llegar allá primero y recibir a mi gente con transporte en Puerto Rico. A mis clientes no le pasa lo que a muchos otros viajantes, a quienes les roban el dinero sin llevarlos a ninguna parte. Tampoco me desentiendo de ellos al llegar a Puerto Rico, como hace la mayoría de los bregadores que, al llegar, los abandonan a su suerte en alguna playa o en algún bosque desconocido y cuando ellos tratan de hallar transporte para alcanzar su destino en esa isla, muchos son apresados o asaltados por delincuentes que hasta violan a las mujeres…

En esos instantes, un joven muy robusto, moreno y bajo de estatura de entre los que acompañaban a leo, tomó la palabra y, con gran convicción, dijo:

--¡En este país nadie brega como nosotros! Conseguimos vehículos aquí y en Puerto Rico para acomodar a los viajantes. Además nuestras embarcaciones son grandes y seguras. Con orgullo podemos decir que hemos cambiado las vidas a mucha gente…

Leo entonces lo interrumpió y de él dijo:

--Este es Frank, mi mano derecha. Al principio yo iba siempre en los viajes; ahora se va él con los viajantes y es como si lo hiciera yo mismo.

Esa tarde alquilaron un minibús y continuaron con un carro que tenían rentado. Ambos vehículos estarían bajo la responsabilidad de Leo. El minibús sería manejado por el tercer joven: un muchacho alto, de pelo largo y lacio, de tez blanca, de veintiséis años de edad y, según su licencia de conducir, su nombre era José Pérez y residía en La Romana.

En los ocho meses que siguieron, el grupo acudía a la agencia una o dos veces al mes. Conquistaron y trasladaron exitosamente a Puerto Rico a personas que yo conocía, entre ellos, a Nelson, un joven que trabajaba de representante de ventas en el mismo lugar que yo. Pregonaron que el viaje en que Nelson participó había sido un éxito, como todos los anteriores y como todos los que estaban por venir. Era una labor de propaganda intensa para conseguir nuevos interesados en viajar. Y, al noveno mes de estar en mi trabajo, Leo volvió a insistir en que yo viajara:

--Eso no es nada, "broder." No tengas miedo; es cosa de unas cuantas horas.

Aún veía lejana la posibilidad de abordar una yola; por eso, esbozando una sonrisa, le dije:

--El día que tú vayas en la embarcación, yo me atreveré a viajar.

Dejó de insistir. Pero pasaron cuatro meses más y en otra de sus visitas a la agencia, me sorprendió cuando me dijo:

--Bueno hermano --dijo hermano, pues nunca me llamaba por mi nombre, aunque debía saberlo, pues aparecía en cada una de las copias de los contratos de alquiler que le entregaba. Era noviembre y, en solemne proclama, dijo: --hemos decidido no seguir bregando con esos viajes. En Puerto Rico, la guardia costera está triplicando la vigilancia. Alegan que no es sólo para evitar que diariamente entren decenas de dominicanos por sus playas, sino que aseguran que también están traficando con armas y con drogas.

--¿Vas a dejar de viajar? --pregunté algo incrédulo y tal vez hasta apenado. Sentí como que de golpe perdía la oportunidad de realizar una innegable y honda ilusión que tenía adormecida y que consistía en irme al extranjero para mejorar mi vida y para conocer el mundo.

--Sí --con voz enfática él confirmó--; voy a dejar de viajar. Pero antes haré un último viaje. Y en él voy a ir yo mismo, pues me interesa llevar a varios clientes importantes que sólo viajarán si yo voy en la embarcación. ¡Supongo que finalmente te animas a viajar!

--¿Cuándo harás el viaje? --me apresuré a indagar. Y él, categórico, como para no hablar más del asunto respondió:

--A finales de diciembre o a principios de enero. Resuelve ahora si te irás conmigo o luego, tendrás que hacerlo con uno de los tantos salteadores que andan por ahí engañando o ahogando gente. ¿Qué decides?

--De aquí allá te haré saber --dije. Pues no tenía el dinero para pagarle y además, yo debía asegurar algún lugar a donde dirigirme en Puerto Rico.

En poco tiempo hice mis gestiones y, a mediado de diciembre, notifiqué en el trabajo mi decisión de irme a Puerto Rico. Juan se llenó de alegría y también resolvió irse. Por suerte, mi tío Manuel que desde hacía unos años vivía en Puerto Rico estaba de visita en el país por las festividades navideñas. Le hice saber a mi tío mis planes de emigrar, también la forma en que pretendía lograrlo. No se negó a brindarme su casa y su apoyo, pero se opuso a que arriesgara mi vida yéndome en yola. Alegó que en Puerto Rico era noticia frecuente hablar de la muerte de gran cantidad de dominicanos de los que intentaban llegar a ese país en la forma en que yo pretendía lograrlo.

--No quiero lo mismo para ti, sobrino –insistió mi tío.

Pero traté de convencerlo de que me iría bien. Y, sin convencerlo, al verme muy resuelto a hacer el viaje, me deseó suerte y me recordó que tanto él como su casa estaban a mi disposición en el momento en que yo lo necesitara.

Mi tío, acompañado de Nereida, una joven puertorriqueña hermosa con quien había contraído matrimonio y procreado una niña que iba a cumplir dos años y que permaneció con su abuela materna en Puerto Rico mientras la pareja vacacionaba en Dominicana, viajaba con su carro en el Domínican Ferries, un barco turístico que diariamente hacía el recorrido entre las dos islas. Al regresar, el matrimonio cargó con parte de mi ropa y algunos de mis libros para que dispusiera de esas pertenencias cuando llegara a Puerto Rico.

# CAPÍTULO 2

## *El traslado a El Macao*

A las dos de la madrugada escuchamos vehículos que se detenían al frente de la casa. Casi de inmediato, Leo había cruzado el callejón y se presentó en el patio palmoteando tenuemente las manos. Leo secreteaba:

--¡Vamos, vamos señores! ¡Vámonos rápido, sin hacer mucho ruido!

Nos pusimos de pie apresuradamente. Y nos dirigimos, con nuestras cosas, hacia el vehículo que aún tenía el motor en marcha.

Era una camioneta Toyota roja, que parecía nueva. En la parte de atrás, descubierta, se montaba la gente. El chofer, un hombre muy alto y fornido, se agarraba a su puerta abierta mientras miraba a una buena parte del grupo que se afanaba por montarse, a como diera lugar. Leo insistía en que se apresuraran. Antes de montar, Juan y yo, casi al mismo tiempo, pagamos a Leo por nuestros pasajes. Se metió los billetes en el bolsillo sin siquiera contarlos. El chofer, al ver dinero, aprovechó y dijo:

--¡Augusto, no me dijiste que era tanta gente! ¡Dame algo

más, caramba!

Entonces Leo, algo contrariado, le dijo a Frank:

--¡Dale veinte pesos más!

--¡De acuerdo! --aprobó Frank. Segundos después montó en la cabina con el chofer que debió quedar satisfecho con el aumento.

En muy poco tiempo, casi todos nos habíamos metido en la parte trasera de la camioneta. Quedamos tan juntos como las uvas de un racimo y apretados hasta los huesos. En la cabina, con el chofer, se montaron Frank, Ana y Carmen. Juan y yo hubiéramos preferido irnos con Leo, pero en su carro no había lugar para otro más. La camioneta pronto tomó la carretera hacia el Este; Leo quedó atrás; tenía que hacer una última diligencia con relación al viaje. Y nosotros debíamos alcanzar el minibús que, a cargo de José y Pedro, iba delante con los demás viajantes. El chofer conducía rápido, tanto que daba escalofríos a muchos de los que estábamos atrás.

--¡Ese chofer es un loco! --dijo una mujer gorda que, sentada a mi lado, me echaba todo el peso de su cuerpo cuando el chofer hacía los bruscos giros.

El chofer, a marcha veloz, pronto dejó la ciudad de La Romana atrás y también a la de Higüey. Entró después a una carretera no asfaltada y, aun así, prosiguió intrépidamente levantando todo el polvo del camino y con ganas de comerse cada curva. Mientras tanto, el aire frío golpeaba al apiñado grupo que iba a la intemperie en la parte trasera del vehículo. Algunos hombres iban parados al frente, agarrados de unas varillas que sobreprotegían la capota. Y hubo un momento en que uno de los hombres dio varios golpes con el puño en la capota. Cuando el chofer quiso saber de qué se trataba, el hombre le grito:

--¡Coño, ve despacio, no es plátanos lo que llevas aquí!

El chofer sólo disminuyó considerablemente la velocidad cuando alcanzó el minibús. Pero, sin detenerse, ambos vehículos prosiguieron por aquella solitaria carretera. El minibús también estaba repleto; algunos viajeros descolgaban de la puerta. Además de gente, cargaba dos motores para las embarcaciones y varios tanques plásticos llenos de gasolina.

La noche serena y clara nos envolvía con un frescor primaveral. Y mientras las estrellas brillaban despejadas y la luna se agazapada tras unas nubes blancas, la carretera desierta y polvorienta seguía ante nosotros. No la transitaba ningún vehículo más que los nuestros, ninguna persona, ningún animal; a veces, algunas viviendas se erguían a la orilla. Y, a ambos lados, arbustos bajos cubrían aquel terreno inmensamente llano.

Después de hora y media de recorrido, detuvimos la marcha a la orilla de la carretera. A poca distancia comenzaba un caserío con árboles altos y frondosos. La aldea dormía en la quietud de la noche. Sus casas de madera, cobijadas de zinc, de yagua y de cana estaban frente a nosotros; la mayoría se ubicaba al lado derecho de la vía.

Al desmontarnos, los dos grupos se hicieron uno en medio de la carretera. Pedro, Frank y José contestaban algunas preguntas.

--¿Por qué no seguimos hasta la playa? --había inquirido uno de los compañeros. Entonces Frank, con voz descansada intentaba hacerse escuchar:

--¡Que todos oigan lo que voy a decir! --Repitió y agregó--:

--La playa está cerca, pero debemos esperar aquí al capitán Augusto. Debemos entrar todos juntos a la playa. Él está gestionando traer una yola desde La Romana. En cualquier momento estará con nosotros. Que todos permanezcan tranquilos y sin hacer mucho ruido para no despertar a la gente que vive ahí adelante.

--¿Ven aquella callecita a la izquierda? --dijo Pedro con voz precipitada--. Cruza una finca privada, después está la playa, a cuatro kilómetros de aquí.

Pedro era el tercero y último ayudante de Leo. Era un negro de baja estatura, con ojos castaños, de contextura fuerte y de aspecto tosco. Lucía una notable cicatriz que desde la frente se internaba en el cuero cabelludo de su pajoso pelo. A diferencia de Frank, Pedro hablaba siempre golpeado y con aire autoritario. Y cuando hablaba delataba gran experiencia en cuestiones de viajes.

Transcurrió media hora y aún seguíamos esperando a

Leo. Ya mucha gente había votado algunos de los alimentos que se habían echado a perder en el camino. Las galletas que Juan cargaba estaban molidas y, por desgracia, al sacarlas, mientras revisaba la mochila, se le esparcieron en el piso. Él comentó:

--Raui, parece que de toda foima vamo a pasai jambre.
--Ya lo creo, Juan --musité con frío y exaltado.

El frío aumentaba la inquietud por la espera. Pero a las cuatro de la madrugada, después de cuarenta minutos de espera, a lo lejos se distinguieron las luces de un vehículo que se acercaba velozmente. Adivinábamos que era el carro de Leo, pero en vano tratábamos de descubrir otro vehículo tras de él. No bien llegó y se hubo desmontado y ya Leo estaba abordado por la gente que lo inundaba de preguntas. Al principio, guardó silencio.

--¿Y la yola? --insistió Pedro.

Leo tenía el rostro triste y cansado. Le dio tono de discurso a sus palabras:

--Tenemos un grave inconveniente --inició, a modo lento y con voz desconsolada--, el chofer que nos ha estado trayendo las yolas a la playa no apareció. Nosotros, por buen tiempo, hemos estados negociando con el chofer de un camión que anteanoche nos trajo una yola y hoy debía traernos la otra. Pero, ayer en la mañana, nos informó que, se estaba rumorando que se gestionaba este viaje, y que el dueño del camión, sospechando el asunto y alegando que temía que su vehículo le fuese incautado, le prohibió al chofer cargar embarcaciones para viajes ilegales. De todas formas, el chofer nos aseguró que él iba a cumplir con el compromiso de traernos esta última yola a la playa. Pero el hombre no apareció… conseguir otro chofer con un camión  grande que quiera traernos la yola es cosa que requiere de tiempo.

La noticia trajo gran consternación. Una mujer se lamentó:

--¡Qué desgracia, coño! ¡Qué barbaridad! En estos malditos viajes cuando no es una cosa es la otra, pero nunca salen bien.

--¡Es verdad! --se quejaba otra mujer--. Yo tengo seis meses tratando de irme y siempre pasa una maldita vaina.  Me dijeron que con estos bregadores todo iba a ser diferente...

--Todo iba saliendo bien --intervino José, tratando de inyectar resignación en el ambiente--; pero por más que uno quiera, a veces no se pueden controlar todas las cosas. Lo que yo les garantizo a ustedes es que a ese chofer yo se las voy a cobrar. Él no tenía que hacernos creer una cosa y a última hora esconderse como gallina perseguida.

--Mientras tanto --dijo un malhumorado--, los que estamos jodidos somos nosotros. Y ojalá que todo no sea una treta de ustedes para engañarnos, porque yo me mato con cualquiera por mis cuartos.

Pedro, que no estaba muy lejos, al oír al hombre hablar de

ese modo, se abalanzó hacia él; le mostró su puño derecho, un puño gordo y áspero y, balanceándolo muy cerca de la cara del hombre, le escupió esta amenaza:

--¡Si no quieres morirte antes de tiempo, deja de hablar porquerías, desgraciado!

Se iba a armar la de Troya. Pero José y Leo intervinieron. El primero apartó a Pedro del otro hombre, mientras el segundo decía:

--¡Cálmense, cálmense! Ahí hay casas cerca. Quiera Dios que no oigan este alboroto.

Por su parte Leo, palmoteando, dijo:

--¡Vámonos ahora mismo de aquí! ¡Que todo el mundo se suba al vehículo en que vino! Tenemos una yola esperando; lleguemos a la playa. Los que tengan más prisa en irse que se vayan y quienes pueden esperar que esperen.

Montados nuevamente en los vehículos, comenzamos a meternos por la carreterita de la izquierda que llevaba a la playa. Al principio cruzamos una franja pantanosa bordeada de espesos árboles cuyo ramaje más bajo se metía al camino y tenía que ser obligado por los vehículos a cederles el paso. Sobre la camioneta, nos defendíamos de algunas ramas levantándolas con las manos. En esto, uno de los hombres, con gran animación, gritó:

--¡Hay que dejarse de disparates! ¡Estos son tremendos bregadores! Fíjense ustedes qué lugares tan escondidos encuentran para meter a uno.

--¡Es cierto! --aprobaban otros entre risas y chistes.

Y así, con todo y lo apretados que íbamos, tomándole el gusto a la travesía y a lo que se decía, la gente parecía emocionada y contenta. Después de la franja pantanosa, la vegetación se hizo menos espesa. Volvió a verse el cielo colmado de estrellas y la luna que, completamente desnuda, realzaba la quietud de esa madrugada clara. El camino se tornó seco, pero casi intransitable: tenía huellas de ganado y los surcos dejados por algún gran camión o algún tractor que con frecuencia debía andar por esa ruta.

Alguien bajó del minibús y abrió un portal de alambre de púas que cerraba el paso. El sendero se hizo más tortuoso entonces. Y, a tan sólo cien metros del portal, Leo pedía ayuda, pues su vehículo no pudo avanzar más. El carro debió ser dejado en el camino y sus ocupantes pasaron a los dos vehículos restantes. Se ubicaron unos encima de los otros, literalmente. Pero tan sólo faltaban dos kilómetros para llegar a la playa. Durante el trayecto, a ambos lados, alambradas limitaban la vía. A la derecha, había arbustos tupidos y, a la izquierda, la vista se perdía por la llanura cubierta de pasto para el ganado.

# CAPITULO 3

## *Demasiado gente para una yola*

Al cruzar el segundo y último portal, nos encontramos de golpe sobre la blanca arena de una playa con abundantes cocoteros que bailaban al son de un viento intenso y frío. Los vehículos recorrieron algo más de cien metros hacia la derecha y se acercaron a donde estaba la embarcación. De inmediato todos nos desmontamos y muchos acudieron apresurados hacia la orilla donde esperaba la barca. Juan y yo también nos dirigimos hacia la yola. Leo y sus ayudantes, en tanto, descargaban el minibús. Mientras nos acercábamos, los que habían llegado antes que nosotros comentaban su impresión del barquichuelo. Mi corazón palpitaba desenfrenadamente. A empujones Juan y yo nos abrimos paso. Él dijo angustiado:

--¿Y en esa degracia e que no vamo?

Estaba ahí la embarcación, amarrada a un tronco que emergía del agua. La movían el viento y las olas.

--¡No! ¡No puede sei en ese diparate en que no vamo! --Juan insistía.

Yo, pasmado y tembloroso, no quería creer que fuera esa la embarcación. Miré al mar y embelesado recorrí con la mirada toda la playa, pero no había ninguna otra yola a la vista. Hasta entonces, me había hecho la ilusión de un bote grande, con cierta comodidad. Pero la embarcación real estaba ahí, frente a mí. Era indeciblemente rústica y diminuta para tanta gente. Tendría unos veinte pies de largo por nueve de ancho, una nave segura para poco más de doce personas. Asocié esta yola con aquellas que con menos de diez personas cruzan el río Ozama.

Algunos de los descontentos vociferaban sus quejas. Pero Leo y sus ayudantes hacían poco caso de las querellas. Con gran prisa, subían combustible y provisiones mientras el viento del noroeste continuaba soplando y las olas proseguían bambaleando la yola.

Tan pronto hubieron cargado la embarcación y encendido el motor, Leo nos habló en alta voz. La mano que sujetaba el timón del motor le ayudaba a mantener el equilibrio. Más fácil que escucharle resultó distinguir que sus grandes ojos recorrían el grupo que, entre murmullos, observaba y esperaba desconcertado. En tono de lamento, pero con determinación, Leo insistió:

--¡Aquí no caben todos! Tan pronto yo llegue a Puerto Rico volveré para llevarme a los que no se puedan ir hoy. No se desesperen, que en el transcurso de esta misma semana habrá otro viaje. José y Frank se quedarán y les darán las instrucciones.

Tan pronto Leo habló, se oía a Frank insistir:

--¡Al que no se vaya, que suba enseguida a la camioneta o al minibús para regresar a La Romana!

Muchos se apresuraban y montaban en la yola para no quedarse para otro supuesto viaje; otros, en cambio, subían vacilantes. Los demás mirábamos cómo la frágil embarcación seguía siendo abordada. En esto, mi compañero Juan, en su hablar cibaeño, me dijo:

--¡Yo no me voi ahí ni loco! ¡Adió coño, puesa gente lo que quiere e matái a uno...!

Ya pocos continuaban subiendo. Y yo, silencioso, turbado y con gran frío, escuchaba a Juan que proseguía diciendo:

--¡Andeidiablo! ¡Yo no sabía queta vaina era así! Eso degraciao lo que quieren e robaile lo cuaito a uno y que a uno se lo lleve ei diablo porai. ¡Tú no te va en esa vaina! ¿Veida Raui que no?

Aun yo estaba indeciso.

--¡Que no suba nadie más a la yola! --ya Leo repetía. Y comenzaban a empujar la embarcación playa adentro. Y yo, tal vez animado más que nada por ver al capitán Leo al volante, el hombre al que yo le había asegurado que de él viajar en la embarcación yo intentaría el viaje, con todo y mi indecisión, me metí en el agua y me monté en la embarcación. Y Juan, con gran amargura y vacilación, mojando su ropa tras la yola, se prendió a mi mano y subió también. Tratamos de buscar donde acomodarnos mientras el rústico bote, movido por un pequeño motor, comenzaba a adentrarse lentamente en el mar.

Los que quedaron en tierra nos vieron partir vociferando su frustración. Mientras tanto, se les insistía en que debían abandonar el lugar antes de ser sorprendidos allí. Porque la hora, el sitio tan apartado y las pertenencias que cargaban consigo los delatarían si se presentaba la guardia costera o cualquier otra autoridad, en cuyo caso, habrían de enfrentar nuevos inconvenientes que les costarían tiempo y dinero.

A quince minutos de haber zarpado, el mar aumentaba su agitado vaivén. Debido a que abordamos de último, Juan y yo estábamos atrás. Nos colocamos cerca de uno de los tanques en que se llevaba el combustible y a la vez cerca de Leo, que maniobraba la embarcación. Pedro estaba en la proa al junto de otros hombres que, como el resto de los tripulantes, seguíamos tan apiñados como cuando viajábamos en la camioneta. Casi setenta viajantes atestábamos la yola, algunos se sentaron sobre las tablas atravesadas que servían de asientos y los demás llenábamos cualquier espacio del bote que no estuviera ocupado por los tres tanques plásticos que contenían el combustible. Cada tanque almacenaba cerca de sesenta galones de gasolina; pesaba unas trescientas libras cada uno. Era obvio que la embarcación viajaba súper sobrecargada. Lo notábamos al sentirnos comprimidos los unos con los otros, lo comentaba, con voz trémula, cualquier pasajero, lo mostraba la embarcación al resistirse a tomar velocidad con el pesado cargo humano. Juan, casi llorando, comentó:

--¡Coño Raui, nosotro somo loco! ¡No metimo en eta vaina con tanta gente! ¡Eta degracia se va a jundil!

--Es verdad Juan --reconocí--, ahora es que me doy cuenta del lío en que estamos metidos.

La angustia aumentaba al adentrarnos en el mar. Las olas, aunque no muy altas, eran muy activas y los bordes superiores de la embarcación quedaban separados del agua por unas escasas pulgadas; y en ocasiones, se metía agua por los costados. Y cuando el nivel de las aguas fue subiendo dentro de la yola, sin demoras, la desesperación atacó a un gran número de los viajeros. Mientras tanto, el pequeño motor de la embarcación resultaba cada vez más impotente para moverla a una velocidad adecuada. Y a cuarenta y cinco minutos después del despegue, estábamos tal vez a sólo tres kilómetros de la orilla. La madrugada se tornaba más clara; pero nuestra situación se ensombrecía más y más: el agua no paraba de meterse en la embarcación y algunos desesperados gritaban al delgado capitán:

--¡Devolvámonos, devolvámonos!

Otros, por el contrario, en tono temerario le gritaban al delgado capitán:

--¡Dale pa'llá a esta vaina, aunque nos jodamos to'!

Leo proseguía el rumbo. Pasaban los minutos y, avanzando poco, más agua entraba en la yola. Y comenzaron a escucharse gritos, rezos y lamentos lastimeros. Algunas mujeres clamaban a Dios y a todos los santos. En tanto, un compañero cortaba con un cuchillo los potes plásticos en qué se había traído agua potable. Y continuábamos esforzándonos: comprimíamos rodillas, piernas y pies para hacer espacio a los utensilios con los cuales, casi desde la partida, se había estado sacando agua de la yola.

A dos horas de haber partido, se fueron acallando ya las voces de los que pedían a Leo que continuara; la mayoría le rogaba que volviera a la playa. Regresar a tierra sería entonces cuestión de unos cuatro mil metros; pero llegar a Puerto Rico requería navegar acaso doscientos mil. Lucía enteramente imposible recorrer tal distancia en nuestras condiciones. Leo, por fin, pareció avizorar los augurios del naufragio.

--¡Está bien --dijo--, vamos a regresar para que se quede, aunque sea la mitad de ustedes! Y sepan que yo se lo dije; que no sobrecargaran la yola; que no subiera tanta gente. Regresaré y espero  que se desmonte un buen grupo.
--¡Sí, yo me quedo!  --aseguraban algunos, mientras Leo, poco a poco, iniciaba un amplio círculo para volver a la playa. Yo, que llegué a insistir en que volviera a tierra, al igual que la mayoría, sentía gran alivio mientras giraba.

Al terminó el viraje, sin embargo, el agua aún amenazaba a la embarcación. Las olas continuaban golpeando los bordes laterales. Al elevarse, el agua mantenía a la gente mojada y, además, su nivel aumentaba pese a los esfuerzos desesperados por contrarrestar sus embestidas. A pocos minutos de haber virado, parecía imposible regresar a tierra sin que zozobrara la embarcación. Algunos gritaban:

--¡Ay, yo que no sé nadar!

--¡Y bien lejos que está! --sollozaban algunas mujeres, refiriéndose a la orilla, que apenas medio se dibujaba en la distancia. Algo debía hacerse y Pedro aprobó la idea de una viajante:

--¡Lancen al agua todo lo que pese! --dijo varias veces, con gran desconsuelo, una mujer de unos treinta años.

--¡Qué va hacer! --se opuso uno de los hombres--, aquí nadie lleva nada de gran peso.

La mujer, llorando con ronca y apresurada voz, insistió:

--¡Pues lancen al agua los tanques con la gasolina! Yo tengo tres hijos pequeños y no los quiero dejar huérfanos tan pendejamente.

Después de algunas discusiones, se las arreglaron, y, distribuyendo el peso de los tripulantes, entre bamboleos y gritos arrojaron con cautela el primer tanque; enseguida el segundo, mas no el tercero, que estaba a mi lado; de él se abastecía el motor a través de un trozo de manguera. La yola, sin embargo, no dio gran indicio de haber perdido peso. Parecía estar en el mismo lugar esperando hundirse para acallar el bullicio de tanta gente chillona. Aunque no todos gritábamos. Algunas mujeres yacían desmayadas y muchos hombres temblábamos en silencio mientras mirábamos la lejana playa y sentíamos las olas salpicar nuestros cuerpos. La gritería, no obstante, se oía mejor que el murmullo de las olas. Y éstas siempre traían más agua; y era imposible deshacerse de toda ella. Mi compañero Juan no decía nada; la palidez de su redondo hablaba por él. Y a mí me inundaba gran temor. Divisaba los lejanos cocoteros y ver tierra me confortaba en algo, aunque sabía que era incapaz de nadar un décimo de la distancia que nos separaba de ella.

Pedro animaba a los que sacaban agua. Leo manipulaba el motorcito. Por buen rato Leo estuvo sin decir palabras, sin reprochar más; escuchaba los gritos de la gente y su rostro denotaba una extraña mezcla de serenidad y angustia. Cuando volvió a hablar, lo hizo sin regaños. Yo le miraba. Primero, como otras veces, dirigió la vista hacia los cocoteros que se veían lejanos y borrosos. Luego bajó la vista, miró al apiñado grupo y entonces dijo jadeando:

--¡Todos los hombres, tírense al agua para quitar peso a la yola! ¡Es la única manera en que podremos llegar a tierra!

Le oímos, pero nadie accedió a su pedido; ni siquiera el fornido Pedro. En cambio, uno de los hombres respondió:

--¡Yo me arrojaría si no hubiese oído decir que por esta área hay demasiados tiburones!

La embarcación seguía muy lenta, casi detenida; las olas continuaban su tenaz labor. Proseguían los gritos y lamentos de quienes veían la muerte cercana e inevitable.
Algunos se quejaban por sus vidas y otros por los familiares a

quienes dejaban. Mentaban a los hijos, a las madres… muchas mujeres estaban roncas de gritar. La tristeza en los rostros era profunda y las lágrimas abundantes. Algunos se tapaban las caras y ovillaban sus cuerpos como caracol. Muchas mujeres, llenas de pavor, se acurrucaban junto a otros. Estimé que estábamos aún a más de dos kilómetros de la orilla. Lo que mejor percibí, sin embargo, fue el temblor de mis rodillas y el tiritar de mis dientes. Sin lugar a dudas, el frío aceleraba mi miedo. De haber sabido nadar lo suficiente, todo hubiera sido más fácil de aguantar.

Sin resultado, Leo continuó insistiendo en que los hombres se arrojaran al agua. Estábamos todavía a flote porque se continuaba sacando agua y porque todos tratábamos de mantener balanceada la yola al permanecer en nuestros lugares y hacerle contrapeso a las olas que atacaban. Y, a treinta minutos de haber virado, no se había adelantado gran trecho hacia la playa; sin embargo, se había avanzado mucho en desesperación. Entonces, Leo llamó a Pedro quien, con gran trabajo, pasó por entre la gente y se hizo cargo del timón. Leo, inesperadamente, con todo y ropa, saltó de la yola y cayó entre las revueltas olas. Desde allí prosiguió instando a los hombres a que nos lanzáramos también y que, agarrados de la embarcación, llegáramos a la orilla. Como la yola parecía no moverse de lugar, algunos hombres comenzaron a lanzarse al agua. Yo también me decidí. Me quité mis zapatos grises que, mojados y maltratados, ya no debían parecer nuevos, saqué mi cartera del pantalón y la metí en uno de los zapatos. Puse todo en mi bolso plástico.

--¡Juan, asegúrame bien esto! --dije a mi amigo, al momento

de lanzarme al agua.

--¿Tú ere loco, Raui? ¿No oíte que ahí hay muchísimo tiburone?--recordó Juan.

Pero yo, entre temeroso y avalentonado, caía en el agua del mar. Estaba como la que nos entraba en la yola, más caliente que el aire frío que nos mortificaba.

Según más hombres saltaron de la embarcación, ésta pudo avanzar con menos peligro de naufragar. Y, en el mar, los nueve o doce que saltamos permanecimos asidos a los laterales de la yola, que nos arrastraba hacia la playa, que pacientemente fue acercándose con sus verdes cocoteros y su arena de azúcar refinada.

# CAPITULO 4

## *El retorno y la derrota*

Cuando la orilla se veía cercana, unos asieron sus ropas mojadas, otros socorrieron a las más necesitadas y casi todos, desesperados, se apresuraron a lanzarse de la yola. Tocaban fondo al caer. Pero a causa del constante oleaje y del movimiento desordenado con que se desmontaron, la embarcación se viró de costado. Sin embargo, lo viajantes empezaron a salir playa afuera, chorreando agua de sus cuerpos. Los que llegamos prendidos a la yola también empezamos a aflorar del agua. Nos convertimos todos en un hormiguero alborotado. Persistieron gritos y lamentos.

En minutos mis sueños se desvanecían. Los demás debían de sentir el mismo sabor a hiel que experimentaba yo al ver alejarse a Puerto Rico más y más y al imaginarme volviendo a casa fracasado. Las olas seguían bramando y el viento aún rugía en las pencas de los cocoteros. Ya no brillaban la luna ni las estrellas; la claridad total era un hecho. Y, entre toda esa gente mojada, aterida de frío, confusa y aún atemorizada, yo intentaba encontrar a Juan:

--¡Juan! --grité y grité, al salir del agua.

--¡Raui! --a cuarenta metros playa afuera, por fin, le oí responder.

¡Andeidiablo…! --comentó mientras nos encontrábamos.

--¿Y mis cosas? --interrumpí sin demoras.

Pocas veces había oído a Juan tartamudear, pero al responderme trabajosamente dijo:

--Yo yoyoyo no nononono sé de dededededenanana nada!

Los temblores de su cuerpo mojado que aún chorreaba agua se hacían más notables cuando le reclamaba porqué había salvado tan sólo sus pertenencias y había descuidado las mías.

Sólo unos instantes habían transcurrido desde que la yola se aproximó a la orilla. Nadie se había alejado del lugar. La yola, ladeada, quedó a unos cincuenta metros playa adentro. Regresé, junto a Juan y nos unimos a otros que buscaban sus cosas. Muchas vestimentas flotaban entre las olas. No reconocimos las mías, no las hallamos cerca de la yola, ni en la orilla, tampoco en la arena donde vimos ropas abandonadas. En vano fue nuestro empeño por encontrar mis pertenencias. También, inútilmente, Leo y Pedro intentaron rescatar la yola para reiniciar el viaje, en el forcejeo por enderezarla y ponerla a flote, la embarcación se abrió en dos pedazos. Debieron conformarse con salvar, aunque totalmente mojado, el motor de fuera de borda.

Había una casa pobrísima bajo los cocoteros, cerca del último portal de alambre que, al llegar a la playa, habíamos cruzado. Hacia ella la gente, poco a poco, comenzó a encaminarse en busca de calor y refugio. Era la única vivienda en los alrededores. La brisa aumentaba el frío. Y, aún sin encontrar el bolso con mi cartera, mi dinero, mi radio... me dirigí con Juan hacia la casucha. Entre quienes se trasladaban a la casa, Carmen, la joven de la cámara de la noche anterior, lloriqueaba:

--¡Alguien me la robó en la confusión…! ¡Una cámara tan cara! ¡Un regalo de Nueva York! ¿Tú sabes lo que es eso...?

La casa estaba habitada por un hombre de unos cincuenta años y por una mujer de igual edad que se habían percatado del desastre. Hicieron una hoguera. Y Sobre las tres piedras de un fogón, en una cántara muy tiznada, prepararon café que repartieron entre los que quisieron. La mayoría de la gente permaneció fuera de la estrecha casucha. Yo, que había entrado, salí cuando el hombre sacó un montón de ropa y la donó a quienes tenían más frío. Eran trapos, más que nada, pero nos caían bien, por estar secos y calientes. Uno de los compañeros agradeció a la pareja por su amabilidad. Le dijo que toda la ropa que hallara en la playa era suya y que con ella sería compensado por sus favores. Pero el hombre no hizo comentario sobre ropa o sobre el cobro de generosidad; no obstante, abrió la boca y algo nervioso advirtió:

--Deben salir de este lugar lo antes posible. Cerca hay un cuartel de la guardia costera. Los guardias vienen varias veces al día por aquí persiguiendo a la gente que anda en lo que andan ustedes.

Y allí estábamos, sin transporte y sin dinero, provenientes de lugares tan lejanos como la Capital y el Cibao. Pero me ayudaron a aliviar mis necesidades: alguien me regaló un par de chancletas para que no me fuera descalzo y mi compañero Juan se ofreció a pagarme el pasaje hasta Santo Domingo. "Esto, pensé, es lo menos que Juan puede hacer por mí, después de que dejó perder mi dinero y mis otras cosas."

Algunos ya habían comenzado a exigir la devolución de su dinero. Pero Leo y Pedro repetían lo mismo:

--No traemos dinero con nosotros. Habrá otro viaje. Vuelvan a sus casas hasta nuevo aviso. A nadie se va a engañar.

Quedaron unos pocos viajeros con Leo y Pedro en el lugar y los demás, en grupos pequeños, comenzamos a caminar los cuatro kilómetros que nos separaban de la carretera. Yo partí junto a Juan y a otros dos muchachos. Con muchas dificultades de transporte, entramos a la Capital a las once de la mañana.

Cuando llegué a Las Cañitas, el barrio en que vivía, me dirigí primero a la casa de Luis, un amigo muy cercano que, por falta de dinero, no pudo participar en el viaje. Hacía cuatro años que Carlos, otro amigo no menos especial, había viajado legalmente y residía en Chicago. A esa ciudad norteamericana aspiraba yo llegar.

Luis y yo habíamos cursado juntos los estudios secundarios e iniciamos al mismo tiempo la universidad y de haber tenido dinero suficiente habría pagado por su transporte. A la casa de mi amigo, al igual que a la mía, se llegaba después de atravesar un laberinto bullicioso de callejones estrechos bordeados de casuchas destartaladas. Hallé a Luis frente a su vivienda. Con un jarro y un paño en la mano, absorto, lavaba su motocicleta. Tornó a mirarme cuando me acerqué. Debió imaginar lo sucedido y el estruendo de su risa me sonó como plato de metal que rasca una pared.

--¿Raúl, pero que pasó? --preguntó. Y ahogándose en risas comentó:

--Si doña Blanca te ve llegar así, le da un ataque al corazón. Pero dime, ¿qué diablos pasó?

Yo sabía que la risa y el buen humor eran patrimonios de Luis, en las buenas y en las malas; pero yo no estaba en condiciones para chistes. Con rostro severo le respondí:

--¡No vine a verte tu cara de payaso! ¿Por qué crees que estoy aquí?

Intentó, cambiar la expresión bromista de su semblante. Me dijo, en tono serio:

--En la letrina hay otra lata con agua. Toma este jarro, quítate toda la sal y la arena… te buscaré con que te peines y alguna ropa mía que te pongas.

--Consígueme de comer. ¡Tengo un hambre del carajo! --dije, después de que, en pocas palabras, le conté lo acontecido en la playa.

Me bañé y me acondicioné un poco con lo que mi amigo me proveyó. Él regresó del colmado con pan de agua y sardinas enlatadas. Sacié el hambre que desde hacía rato me aquejaba. Y ya, sintiéndome menos desgraciado, le dije:

--Te noto tan serio. ¿Acaso te ofendiste porque te hablé con rudeza?

Desarropó los dientes y sonriendo dijo:

--¡No es eso! Es que yo tenía la esperanza de que al llegar a Chicago me enviarías el dinero para que yo pagara el pasaje de irme en yola; pero por lo que veo, se nos ha trancado el juego. ¿Tú qué dices de eso?

Le respondí con una sonrisa desabrida, a causa de mi mohíno desazón. Entonces, sin el desaliño que hubiera escandalizar a mi madre, me puse en camino a casa.

# CAPITULO 5

## *Sin trabajo, sin dinero y acosado*

Al llegar a casa, no conté lo acontecido a mi madre ni a mis hermanos. Mi madre era una mujer de casi sesenta años, cuyo timbre de voz y mirada penetrante infundían respeto. Los duros años de pobreza y el hecho de criar sola a sus seis hijos habían consolidado en ella una actitud agria que a menudo la hacía incomprensible. No convivía con mi padre desde cuando yo tenía sólo tres años. Achacaba los tantos males que afectan a los pobres y, a nosotros en particular, a los políticos, "...esos ladrones públicos que nunca han pensado en resolver ningún problema, sino en engrosar sus bolsillos; porque en un paisito como éste, dime tú, si quisieran y no se robaran los cuartos, qué problema no se solucionaría." Otras veces mi madre sostenía que sus calamidades se debían a sus propios hijos, "...que para lo único que nacieron fue para hacerme la vida más difícil, para que yo me tenga que pasar la existencia trabajando como una burra para criarlos y mantenerlos sin provecho alguno." Yo siempre evitaba polemizar con ella. Me limité a decirle que el viaje no pudo realizarse, que lo habían pospuesto. Si le contaba lo sucedido en la playa --a pesar de su pretendida fortaleza--, de yo continuar en mi empeño de marcharme, ella se angustiaría en gran medida. Insistió en averiguar más sobre el asunto, pero yo le dije poco. Ello la indujo a creer que yo había sido timado: que me habían robado el dinero.

Esa misma tarde comenzaron los reproches. Con voz tumultuosa, inició:

--Yo te advertí que no te metieras en eso, que te iban a engañar. Tú no tenías necesidad de esas cosas. Y ahora, sin trabajo, vienes a echárteme arriba otra vez... ¡maldita sea!, ustedes no hacen caso, a lo que les digo y después, como quiera, soy yo quien tiene que pagar las consecuencias...

--¡Por favor mamá, ya no comience usted! Ese viaje sólo ha sido retrasado. Y si no se hace, yo haré cualquier cosa para molestarla lo menos posible – le dije, pero en verdad era poco lo que podía hacer. Tenía ante mí un panorama desalentador, una situación tan difícil que impregnaba la desesperanza hasta los huesos.

La situación del país continuaba siendo un  gran desastre en todos los renglones. Mientras tanto, los medios de comunicación tenían a la gente enajenada con las propagandas de quienes aspiraban a ganar las elecciones generales del mayo próximo; al mismo tiempo, muchos paraban mesas en las esquinas de las calles y se ponían a vender frutas, ropa o cualquier chuchería, pues el desempleo oficialmente alcanzaba el 27.5%, mientras que el subempleo llegaba al 15%, entretanto, la malnutrición diezmaba la población infantil y la inflación alcanzaba el 90%. Todo esto mientras los salarios estaban estancados y para muchos pobres resultaba difícil siquiera comer una vez al día; y más difícil aún se tornaba mantenerse saludables con medicinas carísimas y hospitales destartalados y desprovistos de cosas tan elementales como yodo, jeringuillas, guantes... Y en otro renglón, a veces hasta resultaba poco significativo que el servicio de luz eléctrica fuera tan precario que muchos barrios sólo lo recibieran por unas escasas horas al día. Sin embargo, como cada cuatro años, los políticos aspirantes a ganar las elecciones perpetuaban las mismas promesas: que frenarían la corrupción administrativa, que abastecerían de agua potable a los barrios, que organizarían el caótico sistema de transporte público, que terminarían con la deforestación de los bosques, que combatirían el analfabetismo, que resolverían los grandes problemas del campo para que los campesinos no tuvieran que continuar emigrando a la ciudad, que harían de la República Dominicana un país próspero y rico para que ningún ciudadano tuviera que irse en yola al extranjero.

Al segundo día de haber regresado de la playa, no había indicios de que siquiera se fuera a preparar el almuerzo, única comida que se hacía en casa. Yo tenía hambre y para no fastidiar a mamá y no darle motivo a que iniciara otros reproches, vendí por quince pesos mi plancha eléctrica que usaba para desarrugar la ropa de ir al trabajo. Comencé a administrar esos pesitos austeramente, comiendo lo imprescindible mientras los días pasaban triste y lentamente. El lustre que yo había obtenido durante año y medio de trabajo lo perdía aceleradamente.

"¿Qué voy a hacer ahora?, me dije, estoy bien fastidiado y todo me molesta. Lograr un trabajo decente para un joven de barrio, resulta muy difícil. Hoy me parece más calurosa la tarde, y con tantos radios prendidos al mismo tiempo, no puedo ni pensar bien. No callan esos bulliciosos radios de los vecinos. ¡Qué calor hace! Ojalá llueva pronto y el agua arrastre toda la basura de la cañada, toda el agua negra estancada para que haya entonces menos mosquitos, menos moscas. Pero adónde hallar otro trabajo. Está ocupada ya la plaza que abandoné en la rent-car. Además, me advirtieron de que no dejara el puesto. Podría, como en los años de desempleo, volver a recorrer todos los hoteles, todas las agencias de alquiler de carros, para que me digan: llene esta solicitud, y después... usted está bien preparado, lo llamaremos cuando aparezca una oportunidad. Pero nunca nadie llamará, el trabajo lo obtendrá un amigo del gerente, su cuñado tal vez o un conocido de otro empleado de confianza. Habrá alguna oportunidad, tal vez, en Puerto Plata o Punta Cana. Quizá yo deba darme otra oportunidad (¡Qué calor! ¡Cuántos mosquitos! ¡Qué hambre!) para escapar de este país de puertas cerradas, de hacer tanto esfuerzo para lograr tan poco (ahora debo gastar en un recorte de pelo y en comprar navaja de afeitar) con el esfuerzo que hago aquí para sobrevivir en otro lugar, quien sabe, tal vez, salga de la pobreza. Me daré esa oportunidad, aunque fallezca en el intento (morir harto de agua y no de hambre ni de estos dolores en el estómago donde el jugo gástrico hace estragos). Subió el precio del pan, escasea el gas propano para la estufa, ¡qué tiempo este! El azúcar no aparece en un país productor de azúcar. Debo irme, si es que no me engañan con mi dinero. Sobrecargaron la embarcación, eso fue. Con menos gente o con una embarcación más grande la historia de ese viaje hubiera sido otra ¡Ya voy, mamá...!"

Telefoneaba con frecuencia al único lugar donde podría tener noticia de Leo, la agencia donde había trabajado. Allí Leo tendría que regresar a renovar los contratos de alquiler y a chequear o a cambiar autos. Con autos diferentes, despistaba a los policías de tránsito y a cualquiera que estuviera tras de él.

Seis días después del fracaso en la playa, Leo fue a la agencia. Advertido de que probablemente iría ese día, acudí allí tratando de verlo. Juan también se presentó. Leo llegó a la oficina acompañado de José y de Frank.

--¡Caramba, me estaban esperando! --dijo, al entrar.

--¡Sí señoi! --contestó el cibaeño--. Yo quiero mi cuaito ahora mimo.
--No seas cobarde --protestó Leo--. Ya casi vamos a salir nuevamente. Y esta vez no va a pasar lo del otro día.
--¡No me impoita! --insistió Juan--. Yo quiero mi cuaito y punto. Que se vayan lo que se quieran ajogai. Y tú confóimate con que me hicite peidei mi trabajo.

Leo me miró como angustiado. Esperé a que hablara.

--¿Y tú? --finalmente dijo--. Sé que no tienes miedo. Saltaste al mar en momentos de aprietos. Eres callado, pero tienes cojones... ¿Dime, seguirás o no en el viaje?

De haberme hecho la pregunta el día que regresamos de la playa, habría actuado de la misma manera que Juan. Pero los días de espera en que reflexionaba me llevaron a despreciarme a mí mismo y a mi entorno. Hallaba más fácil enfrentarme al mar que a la desgracia de empezar de nuevo. No vislumbraba la posibilidad de conseguir un empleo en corto tiempo. Las calles estaban llenas de médicos, ingenieros y técnicos de las más variadas ramas que deambulan por ellas en busca de trabajo; muchos hubieran querido tener el puesto que yo dejé. Por eso preferí seguir en la ruta que, tal vez, podría cambiarme el panorama lúgubre de mi país por algo mejor.

--Leo --le respondí--, sólo quiero que bajo ninguna circunstancia te olvides de mí cuando partas.

El hombre sonrió satisfecho y animado proclamó:
--¡Así se habla, coño! Confía en que por ninguna razón te dejaré.
Yo le creí. Puse un pedazo de papel en su mano:
--Es el número de teléfono de una hermana mía, se llama Idalia, no lo pierdas e infórmame ahí de cualquier novedad.
Juan se disponía a reclamar su dinero otra vez. Pero Leo sin esperar mucha insistencia dijo:

--Frank, devuélvele el dinero a este cibaeño. No lo quiero oír más.

Durante los próximos días, yo iba a cada rato adonde mi hermana, que no vivía muy lejos, a ver si Leo había llamado. Uno de esos días, mi madre volvió a decirme:

--¿Y qué del viaje? ¿Todavía no te has convencido de que todo fue un engaño?

--No ha sido ningún engaño, mamá --respondí sumisamente. Y ella imponente insistió:

--¿Pero acaso no diste tu dinero y ahora no tienes ni dinero ni viaje?

--¿Y qué quiere usted que yo haga, si ellos cambiaron la fecha del viaje? --vociferé alarmado y harto de oírla.

Pareció considerarme, con voz comprensiva dijo:

--Ven busca un dinerito para que cocines algo. Tienes cara de que tienes hambre.

Entonces la seguí al cuarto de la fritura. Pero, sin callar un momento, con lenta voz, continuó su sermón:

--Ustedes dicen que yo peleo y que jodo mucho, pero no entienden que lo que quiero es lo mejor para ustedes y para eso hay que trabajar fuerte --suspiró profundamente, entonces prosiguió--: Contraria a la del rico, la vida para el pobre no es fácil en ningún lugar. Mientras aquí, con trabajo, conseguimos agua para lavar los trapos, en las casas de los ricos les cambian el agua a sus piscinas cada vez que les da la gana... Pero, en fin, tú has querido hacer tu vida a tu manera y ojalá que se dé el viaje ese y que te vaya bien. Tú has sido un buen hijo, no te has buscado problemas en las calles y nunca me haces coger el pique que paso con esos otros desgraciados que me tienen de relajo y al coger el monte. Lo peor es que cuando les corrijo algo, se me paran a discutir como gallo dispuesto a dar pelea.

Por fin, el día veintiuno de enero, once días después del fallido intento de viaje, recibí el mensaje de que al día siguiente Leo pasaría a buscarme a la agencia. Debía alistarme, lo que consistía en hacer un equipaje sumamente liviano y disponer de dinero en dólares, pues al llegar a Puerto Rico, me tocaría pagar por mi transporte desde el lugar donde la yola atracara hasta mi lugar de destino en aquella isla. Leo había insistido: "Yo iré en este viaje, pero, a quienes nos vayan a recoger a la playa, hay que pagarles. Cada cual deberá pagar por su pasaje; si no, se verá en gran problema."

No tenía dinero y contaba con pocas posibilidades de conseguirlo. Días antes del fracasado viaje, había vendido lo de más valor que había tenido en mi vida: una vieja y pequeña motocicleta Honda-70. Si perdía mi trabajo, habría tenido la opción de incursionar en el moto-concho: transportando a uno o más pasajeros de un barrio a otro o a otra parte del mismo barrio, pues los carros del transporte público sólo transitaban por las calles principales adonde los interesados deben ir a tomarlos. No contaba ya con la motocicleta, pero todavía tenía mi reloj. Aunque se había mojado en el mar, estaba en buenas condiciones. Por último, podía disponer de mi abanico. Mis libros, por estar muy viejos, no interesarían a nadie. Y no eran pertenencias exclusivamente mías una nevera muy vieja que se caía a pedazos y un destartalado televisor en blanco y negro en qué mi madre veía las telenovelas después de cada largo día de faena…

Al día siguiente, recibí setenta pesos por el reloj y el abanico al dejarlos en la casa de empeño más cercana. Le llevé los recibos a mi mamá y le dije:

--Saque estos artículos cuando pueda. Pero sepa usted que necesito más dinero, ya que hoy mismo nos iremos.

Mi madre aprovechó la ocasión para recordarme que no le estaba yendo bien en la fritura. Este negocio de vender carnes y plátanos fritos había sido, por diez años, la única vía estable de ingresos a la familia. Y en esos días no había otros ingresos. Ni yo ni ninguno de mis hermanos, que aun vivía en casa, estaba trabajando.

--Consígame lo que pueda –le dije--. Ella en cambio continuó diciendo:

--Este negocito no está dejando ni para comer. Ustedes no saben cómo suben día a día los precios de los alimentos. Yo nunca pensé que las cosas se iban a ver tan malas en este país. Pronto tendremos que comernos los unos a los otros.

Después de enumerar con palabras y con ojos tristes algunas de las tantas dificultades que le afligían, por fin, dijo:

--Lo único que tengo es el dinero que debo a César, el carnicero. Te lo daré y le pagaré luego a él…

Dejó entonces a un lado la carne que preparaba para la venta de la noche, se levantó de la curtida silla y tomó el dinero que estaba debajo de un paño que cubría la cima de la nevera. Recibí los cien pesos que me donó y pensé: "tal vez esta sea la última vez que te moleste, mamá; quién sabe me ahogue por ahí o quién sabe, llegue."

Entre las diligencias realizadas y las palabras de mamá, llegó ya el medio. Y yo quería estar temprano en la agencia donde habría de encontrarme con Leo. Por tanto, dejé a mi madre todavía deseosa de hablar de más miserias y me dirigí a mi cuarto. Hacía poco que no lo compartía con nadie más. Al casarse Enércida, la segunda de mis tres hermanas, yo ocupé un cuarto para mí solamente. Mis hermanos y mi madre acordaron compartir los dos restantes. Entré a mi habitación y eché la ropa indispensable en una pequeña mochila y, antes de salir, detuve la mirada sobre una pequeña mesa de madera donde descansaba un grupo de libros viejos y desgastados por las tantas veces que se mojaron cuando no estuve en casa para defenderlos de las goteras.

--Tengo que irme --me dije--, quizá nunca más volveré a ver estos libros, este cuartucho, ni a mi madre, que ya sospecha cuan peligrosa puede ser la aventura a la que me lanzo. Está visto ya que en estos viajes la muerte, más que posible, es probable. ¿Pero qué puedo hacer quedándome aquí? Vale poco la vida cuando hasta conseguir qué comer se torna difícil. Es mejor que me vaya. Yo me iré y si salgo bien, bien y si fracaso, fracaso.

Después de estos pensamientos, escribí esta nota dirigida a mi madre y a mis hermanos:

"Si llega a pasarme algo malo, que nadie se sienta mal, yo mismo lo he decidido así."

Dejé sobre los libros mi mensaje. Cerré el candado y me puse en camino. Dejaba tras de mí, mi casa y todas aquellas casuchas de bloques, hojalatas y cartón que, ocupadas por gente miserable y por niños desnutridos y parasitados, están sembradas a ambos lados de una gran cañada por donde al llover circulan las aguas negras y la basura a lo largo de su trayecto hasta el río Ozama.

# CAPITULO 6

## Mis compañeros para la adversidad

Llegué a la agencia a la una de la tarde. Con los pesos que tenía, compré cincuenta dólares, la cantidad exacta a pagar por el transporte desde la playa puertorriqueña a que arribáramos hasta San Juan. A las cuatro de la tarde, una hora después de lo prometido, Leo llegó con otros seis pasajeros. Manejaba un carro Daihatsu Charmant de color azul, pero lo cambió por un Nissan Sunny gris de cuatro puertas. Al cambiar con frecuencia de vehículo, intentaba despistar a algunos policía de tránsito que, si lo reconocían, lo detenían y entonces él tenía que darles unos cuantos pesos.

Llegamos a La Romana poco después de la cinco de la tarde. En un barrios de la parte sur del pueblo, nos detuvimos frente a dos casas donde, bajo un cobertizo de cemento y en la verde grama del patio común a dos viviendas, un gran número de gente hablaba con gran animación. Algunos viajantes resultaron desconocidos para mí; otros habían participado en fallido intento de viaje. Entre los rostros que reconocí, hallé el de Ana, la joven que había perdido su cámara en El Macao, me le acerqué sonriendo y para alabar su osadía, le dije:

--¡Muchacha, tú sigues en este asunto! ¡Eres una mujer de

guerra!

Ella riendo comentó:

--Ya que uno decidió meterse en este lío, hay que llegar hasta el final; como quiera, nos está llevando el diablo – y Ana agregó:

--Yo vivo aquí con mi mamá --y señalaba una de las dos casas frente a las que estábamos; y apuntando a la otra añadió:

--Ahí vive aquél --su índice, entonces, señaló a Pedro que, en esos momentos consultaba un asunto con el capitán recién llegado.

--Regálame un poco de agua, por favor, tengo sed.

Caminó hasta su casa. Esperé el agua en el umbral. Cuando me la hube tomado, pregunté:

--¿Y tu madre, también viajará?

--¿Mamá? No. ¡Ni loca! Aquella es mi madre, la famosa doña María --apuntaba una mujer de unos cincuenta años. Era alta y esbelta, con facciones de española. La mujer lucía notablemente contenta con la presencia de tanta gente. Hablaba alegremente con algunos

-- Nosotros somos amigos del capitán y vecino de Pedro --agregó Ana. Yo pregunté:

--¿Y tu amiga?, la muchacha que te acompañaba la otra vez.

--¿Carmen? Ella cogió miedo. Dice que por nada se vuelve a montar en una yola. ¿Y el cibaeñito que andaba contigo, vino también?

--No vino. Creo que le pasó lo mismo que a tu amiga.

Después, me integré a uno de los grupos que dialogaban y Ana, por su parte, atendió otros asuntos.

La de María y la de Pedro eran las últimas casas de esa calle de pocas viviendas. Al otro lado de la vía, había una cancha de baloncesto abandonada a medio construir y su terreno estaba invadido por la hierba. Luego el panorama se extendía a este y sur sin vivienda alguna. La maleza que cubría aquellos solares evidenciaba que una incipiente construcción de casas y calles se había paralizado hacía buen tiempo.

Media hora después de haber llegado, Leo nos dijo:

--Saldré por un rato a hacer algunos contactos y averiguaciones para tener todo listo y partir antes de medianoche.

Entonces se marchó acompañado junto a José y a Frank. Pedro, en cambio, permaneció en el lugar, Y la mayoría de los viajantes se posicionaba cerca él. Yo me interesé en las cosas que decían. Hacía menos de dos meses que Pedro se había integrado al grupo de Leo. Pero por la conversación que sostenía con los viajeros, supe que, en vez de ser ayudante, Pedro solía organizar viajes a Puerto Rico por su cuenta.

--¡Cuando las cosas van a pasar, pasan...! --Justificaba Pedro, al contestar las preguntas de algunos viajantes acerca del último viaje que él organizó y que resultó un fracaso espantoso en que murieron casi 40 personas. Su narración del naufragio, a estas alturas, no parecía desalentar de viajar a nadie. Ya habían transcurrido cuatro meses de la tragedia en que, debido al fuerte oleaje y a una trifulca a bordo, la embarcación que guiaba zozobró cuando intentaba atravesar el Canal de la Mona. De los cincuenta náufragos, sólo doce sobrevivieron a la mañana del día siguiente en que los guardacostas puertorriqueños comenzaron a rescatarlos. Hallaron a algunos prendidos a tablas de la destruida yola y a otros flotando agarrados de los tanques de combustible, o de potes plásticos en los que habían cargado agua potable. Cuando lo trajeron a Santo Domingo, Pedro, a pesar de algunas acusaciones, siempre negó haber organizado el viaje.

--Me torturaron; pero algunos amigos me ayudaron a reunir un dinero para arreglármelas y salir de la cárcel. Ahora --continuó explicando Pedro--, tengo más deudas y líos que el diablo y no puedo ni hacer dinero. Muchos azarosos me han estado haciendo mala propaganda porque se me ahogó esa gente. El colmo es, que los hermanos de dos de los que murieron trataron de matarme el otro día. Querían vengarse conmigo, como si yo tuviera la culpa de que sus hermanos se jodieran...

Y hablando de sus problemas y de sus viajes, Pedro nos entretuvo por varias horas, hasta que Leo y los otros dos organizadores regresaron de hacer sus contactos y averiguaciones. Los contactos, se referían, principalmente a lo que notaba cualquiera que intentaba hacer uno de esos viajes ilegales a Puerto Rico: para mejor resultado, debía pagarse peaje a algunos miembros de las autoridades costeras que, después de recibir una fuerte suma de dinero por parte de un organizador de algún viaje, convenían con él la hora y la playa por la que su embarcación zarparía. Sobre las averiguaciones, basta decir que la más importante de ellas fue saber algo que perjudicaría todos nuestros planes: de acuerdo a los últimos reportes meteorológicos, las condiciones atmosféricas para los próximos días se tornarían muy desfavorables para viajar. A petición de algunos, María colocó su televisor dando frente al ancho patio. Todos estuvimos muy atentos a las noticias de las diez, sobre todo, al informe del tiempo:

"…habrá fuertes aguaceros, los vientos soplarán de este a oeste a más de cien kilómetros por hora… en la costa norte y este, habrá marejadas con olas que alcanzarán hasta los doce pies de altura. Meteorología recomienda a las pequeñas embarcaciones turísticas y pesqueras no hacerse a la mar."

--¡Coño, y ahora! ¿Qué vamos a hacer? --se lamentó un compañero. Y con esa pregunta se dio inicio a una desordenada discusión. Por buen rato se estuvo deliberando. Muchos expresaban lamentos y acusaban a los organizadores de improvisadores por darse cuenta de esta noticia a último momento; pero otros proponían soluciones. Cuando se hubo analizado el problema, Leo dio el veredicto final:

--Es un suicidio salir con estos reportes de mal tiempo; tan pronto cambien partiremos. Los que vienen de lejos deben permanecer en La Romana hasta que esto mejore. Quien se vaya corre el riesgo de quedarse, al irnos, llevaremos sólo a quienes estén presentes. No buscaremos a nadie y quien quiera información que la consiga aquí.

Esa noche, los que no éramos de La Romana dormimos distribuidos en las dos casas: las mujeres en la casa de doña María y los hombres en la de Pedro. Un piso de cemento duro y frío, amortiguado por alguna ropa que le tendimos, fue nuestra amplia cama.

Al día siguiente, desperté entre trapos revueltos con dolor en todos los huesos y aún con sueño; además, agotado porque en los últimos días me había desvelado por la tanta tensión de esperar el viaje. Me quedé tendido en el piso hasta las diez de la mañana. Entonces me levanté y recogí mi mochila que había usado como almohada y entré al baño a asearme. Pero no había agua: al abrir la llave del lavabo no conseguí ni una sola gota del preciado líquido. "Que calamidad, pensé, aquí es igual que en mi barrio, aunque hay llaves, no hay agua. " En mi barrio la cargábamos de alguna llave pública cercana pero aquí no sabía dónde conseguirla. Me dirigí entonces a la sala, donde escuché gente que murmuraba y reía. Hallé a Pedro sentado en la mesa con tres jóvenes más y con doña María, la madre de Ana. Todos me miraron y enseguida un joven sonriendo me dijo:

--¡Loco, venga pa' que se dé un pase!

Tenían cocaína esparcida en una esquina de la mesa. Habían estado insistiendo en que María la probara. Yo estaba pasmado.

Tan sólo había visto la droga en películas y revistas. Traté inútilmente de ocultar mi asombro. Contesté con rapidez y naturalidad y, pretendiendo no lucir tonto, hablé en el mismo estilo que el joven me habló, estilo en boga entonces entre muchos de los jóvenes de los barrios:

--¡No, mi loco! Yo no uso esa vaina. Lo que quiero es agua pa' bañarme o pa' lavarme la cara.

Entonces María, a quien noté algo ruborizada al verme, dijo con ronca voz:

--A este barrio el agua sólo llega en las madrugadas. Pero ve a mi casa; allá hay dos tanques llenos. Este hombre no tiene nada de nada aquí.

Me disponía a salir después de escucharla, pero otro de los jóvenes me habló con voz estentórea. Yo estaba más cerca de ellos que de la puerta y torné a mirar a quien me hablaba. Hallé que me miraba con una sonrisa maliciosa. Era negro, de unos veinticinco años de edad; vestía un suéter blanco de cuyas mangas, mal recortadas muy cerca de los hombros, descendían los musculosos brazos. Tenía un cigarrillo sostenido en el pabellón de una oreja. Lucía más fuerte que Pedro y era bajo de estatura también. Se puso de pie para hablarme, me dijo con mucho orgullo:

--¡Loco, yo soy La Fiera! --me extendió la mano, en señal de saludo. Yo correspondí. Y cuando él tuvo mi mano se prendió a ella con tal fortaleza que me hacía daño.

--¡Tú eres de la Capital! ¿Verdad? --inquirió.

--Sí. De Las Cañitas --respondí tímidamente. Y él, aun esbozando su sonrisa pícara y tirando fuertemente de mi mano, agregó:

--¡Pues ven date un pase! O no me digas que eres de la Capital y menos que eres de Las Cañitas.

Le pedí que me liberara la mano, pero no me hizo caso. Después de unos instantes, Pedro, por suerte, le gritó:

--¡Fiera, Fiera! ¿Qué te pasa? ¡Deja a ese muchacho tranquilo!

Me sentí aliviado, pues sólo entonces me soltó la mano, adolorida y enrojecida. De inmediato salí. Y, en el patio, un grupo de viajantes dialogaba bajo el cobertizo. Me integré a ellos, después de asearme.

A la una de la tarde, Leo llegó al lugar con provisiones con las que doña María preparó comida para la gente. Luego Leo nos informo que, mientras estuviéramos en ese lugar, debíamos procurarnos alimento, o cooperar con dinero para comprar los alimentos con los que allí mismo se haría una comida.

Después de almorzar, la mayoría se conglomeró al frente de las dos casas donde, al calor de algunas botellas de ron, los viajeros continuaban jugando barajas y haciendo planes y chistes. Como eran tiempos electorales, por supuesto, discutían también sobre los candidatos y los partidos que terciarían en las elecciones. Otros viajantes, en cambio, veían televisión en la casa de doña María. No podían hacerlo en la de Pedro, allí sólo había una cama y un juego de comedor. Los otros muebles se los había llevado su mujer cuando se marchó dejándolo la última vez que él cayó preso. Pedro también estaba en el patio sentado en uno de los bancos y era el que más hablaba.

--¡Puerto Rico es lo mejor! --decía animado por los tragos--. Allá tengo una mujer; ¡pero esa si es una mujer linda! Es una estrella, una boricua. Ha querido que me case con ella y que me quede allá. Y yo, como estaba emperrado con la que tenía aquí, nunca quise aceptar. Pero está rechula… Tiene un cuerpo que hay que verla… En Puerto Rico, las cosas están mejor que aquí. Ustedes verán que la ropa es casi regalada y que con doscientos dólares uno se compra un carro… Además, allá se venden los mismos rones y cervezas que aquí y en cuestión de música, como aquí, se oye mucho merengue y mucha salsa.

Muy emocionado, Pedro agregó:

--¡Por mi madre que cuando logremos este viaje, me voy a quedar en Puerto Rico! No volveré a joder más en este país de la mierda. Aquí lo único que pasa siempre es que todo se jode más y más.

Sus historias de algún modo debieron alimentar mis ansias de llegar a Puerto Rico. Yo no tenía razón para no creerle.

Pero antes de entrar la noche, hablé con Leo y le expliqué:

--Estoy muy incómodo aquí. ¡Y quién sabe hasta cuándo tendremos que esperar! Me iré a casa y cuando vayamos a salir hazme saber por teléfono y regresaré enseguida.

--No te desesperes --me dijo llevándome una mano al hombro--; vamos a partir en cualquier momento. No te arriesgues a quedarte; tú has abandonado muchas cosas para meterte en esto.

No insistí más en regresar a casa. Además de las razones que Leo me dio, me fastidiaría tener que darle explicaciones a mi madre otra vez. Tampoco quería incurrir en gastos de transporte. Al entrar la noche, no había todavía ninguna información sobre cuando partiríamos. Leo aprovechó entonces para recomendarme a Germán Méndez, un hombre algo rechoncho, de unos cincuenta años, que andaba siempre bien vestido y a quien todo el mundo llamaba por el sobrenombre de: "El Síndico". Mientras Leo le explicaba mi situación, El Síndico me examinaba de arriba abajo con sus grandes ojos escudriñadores.

--No hay problema --dijo El Síndico después de unos instantes--. Él puede dormir en mi casa hasta que el viaje salga.

Desde esa misma noche comencé a dormir donde Germán, que compartía su casa con un hermano menor apodado El Chino Méndez. Germán me dejó dormir en un sofá grande que había en la sala, un mueble viejo, pero bastante cómodo. Mi anfitrión resultó ser conversador y muy afable. Desde el principio quise saber por qué lo llamaban "Síndico." Al principio, los lugareños, y más tarde él mismo me explicó que era debido a que realmente había sido síndico del municipio de Guaymate (1978-1982), provincia La Romana. Después de ocupar la sindicatura por cuatro años, Germán Méndez abandonó el quehacer político a causa de pugnas internas que afectaban a su partido, el Revolucionario Dominicano, pugnas que a él le causaron problemas personales. Un día en su casa, algo intrigado le pregunté:

--¿Por qué usted no trata de conseguir una visa para los Estados Unidos? Usted es un político que ha ocupado posiciones importantes en este país; yo dudo que le nieguen una visa.

Me miró calmadamente y dijo con orgullo:

--Yo tuve visas múltiples.

No dudé de sus palabras; pero él entró a su dormitorio y retornó al minuto con un pasaporte. Era un pasaporte rojo, como el que yo había enviado a Puerto Rico junto a mi ropa y mis libros.

--Es mi pasaporte –dijo Germán. Lo ojeó ante mis ojos y me mostró que en el documento aparecían sellos de su vencida visa estadounidense, además los que mostraban varias entradas y salidas a los Estados Unidos.

--He insistido en que me renueven la visa, pero no lo he logrado. Ya no soy síndico y obtener visa se pone cada día más difícil. Por eso he decidido irme con esta gente a Puerto Rico. Allá tengo buenos amigos que me ayudarán a seguir adelante.

Hay otros compañeros de mi partido que se han ido, muchos han llegado pero bastantes jóvenes valiosos han perdido sus vidas en ese terrible mar. Esperemos que nosotros lo logremos. Yo creo que Augusto es un muchacho serio y que pone mucho empeño en que las cosas le salgan bien.

Para concluir Germán me pidió:

--No comentes con nadie que voy a hacer este viaje. Si te preguntan, diles que tú desconoces ese asunto. Tú sabes cómo es la gente, preguntan para hacer chismes.

Me sorprendió que, a esas alturas, Germán me pidiera tal cosa, pues entre los viajantes no era una novedad saber que él haría el viaje. Ese tema, en cambio, era una de las pocas cosas interesantes de qué hablar para matar las largas horas de espera. Aunque a otros les pareciera absurda la decisión del ex síndico, a mí no me parecía ilógica en absoluto. Yo dormía y comía en su casa y, por lo tanto, sabía que cada rincón de la vivienda denotaba miseria, que las paredes pedían pintura, que había muy pocos muebles, y que éstos habían visto mejores tiempos, que el agua, como a las otras casas vecinas, no llegaba, que además, en su casa debía cocinarse a carbón porque no había gas para la estufa. Para hacer el almuerzo, yo cooperaba con algunas monedas y Germán se iba en una motocicleta prestada a completar el dinero con qué comprar las provisiones para hacer una comida barata, compuesta de: arroz con huevos o arroz con sardinas.

# CAPITULO 7

## *Papín: "La desgracia de irse en yola"*

La primera semana pasó sin novedad sobre cuando partiríamos. Mientras tanto, comentábamos sobre los enfrentamientos armados que ocurrían en Haití que determinarían la caída del Poder del dictador Jean Claude-Duvalier, hablábamos sobre la reciente explosión del transbordador espacial Challenger, en que murieron sus siete tripulantes. Y, ni sobre las condiciones económicas de nuestro país, ni sobre los pronósticos atmosféricos, podíamos decir nada alentador

--¡Esto está duro! --se quejaba una viajante--. Si hubiéramos logrado el viaje anterior, ya tuviéramos tres semanas de haber llegado a Puerto Rico.

Y así hubiera sido. Pero esas tres semanas las estábamos malpasando con la incomodidad de hallarnos en casa ajena y con el desasosiego de una espera incierta. Además, no veíamos obligados a ir gastando en alimento el poco dinero que teníamos reservado para nuestra llegada a Puerto Rico. En mi caso, no sólo había empeorado económicamente, sino que mi estado de salud empezaba a deteriorarse. La mala alimentación y las tensiones por espera debieron contribuir a que volvieran a aquejarme fuertes y frecuentes dolores de estómago causados

por una úlcera duodenal que yo creía curada. Me atemoriza-
ba la probabilidad de que pudiera volver a sangrar al evacuar,
como había ocurrido hacía dos años. En aquella ocasión, me vi
obligado a someterme a rigurosos cuidados médicos. Si sangra-
ba nuevamente, ahora, tendría que desistir de viajar.

Previendo que mi salud pudiera empeorar, acudí a un hospital público de La Romana. Perdí casi un día sólo para que
me examinaran y para que un médico prescribiera una receta.
Debía gastar veinte dólares en comprar unas pastillas que me
recetó; sin embargo, sólo me quedaban veinticinco dólares y los
necesitaba para comprar alimento. Opté por tomarme el riesgo
de sangrar. Seguí soportando los dolores que me atacaban por
las noches y a cualquier hora que tuviera hambre.

Mientras los días transcurrían, yo me pasaba el tiempo con
el grupo o entre la casa de Germán y la de Papín. Papín era un
nuevo viajante con el cual pronto me sentí muy identificado.
Se integró al viaje en lugar de un compadre suyo, médico, que
desistió de viajar después de lo acontecido en Playa del Macao.
Su compadre, que no había podido recuperar el dinero que había pagado por el viaje, accedió a darle su lugar a Papín, que
prometió devolverle los quinientos dólares tan pronto llegara a
Puerto Rico.

Papín, de cuarenta años de edad, era de color moreno y cara
redonda, de unos ojos grandes de un negro profundo. Usaba
lentes de aumento. Su rostro manso y su usual serenidad delataban la presencia de un hombre sencillo y sincero. A cinco casas de la de Germán estaba la suya. Un día, Papín y yo regresá-

bamos de estar con el grupo que se reunía donde María donde y Pedro. Yo iba hacia la casa de Germán y Papín a la suya, que quedaba en la misma ruta, y muy cerca. Él y yo intercambiábamos opiniones sobre el viaje que esperábamos y sobre la difícil situación de nuestro país.

Visité por primera vez a Papín una tarde, después de que él estuvo un buen rato adonde Germán dialogando con el ex síndico, conmigo y con José, no José el organizador del viaje, sino otro José. Un muchacho de tez negra, amigo de Germán que, aunque era licenciado en contaduría, también haría el viaje. Después de media hora de plática, cuando Papín se disponía a marcharse, me dijo:

--Raúl, usted no está haciendo gran cosa aquí. Venga conmigo. Lleguemos a algunos sitios donde estuve solicitando trabajo; tal vez hoy tengan algo para mí.

Acepté ir con él y, una vez en camino, le pregunté:

--¿A buscar trabajo, dijo? ¿Y usted no va para Puerto Rico?

Mientras caminábamos, Papín comenzó a explicarme:

--Raúl, yo estoy por irme en yola porque no hallo que hacer. Soy mecánico. Y antes trabajé varios años como marino mercante. Pero ahora está tan difícil conseguir empleo. Me voy en yola porque la cosa está que uno hasta un lazo se echa al cuello, pero si encuentro trabajo, no voy para ningún lado.

--¿Y para dónde va usted en Puerto Rico?

--Hay un viejo amigo mío que ha estado insistiendo en que me vaya. Él está aquí, pero un hijo suyo tiene un taller de mecánica en Puerto Rico. Su hijo me empleará, me dará el dinero que debo del viaje y tiene un lugar donde yo me puedo quedar cuando llegue. Pero --insistió Papín--, yo no quiero dejar a mi familia sola.

Hacía calor. Y durante buen tiempo Papín y yo caminamos por muchas de las calles de La Romana. Visitábamos talleres de mecánica y estaciones de gasolina. Los trabajos brillaban por su ausencia. Después de las dos de la tarde, nos disponíamos a regresar, Papín me pidió:

--Vaya conmigo a mi casa para que conozca a mi mujer y a mi hija.

Acepté gustoso su invitación. Cuando llegamos, una nenita de tres años se apresuró a recibir a Papín; corrió y se abrazó a sus piernas. Estaba loca de contenta por ver a su padre.
--Esta es Yajaira --dijo él. Y a ella con dulce voz le dijo:

--¡Saluda a Raúl, Yajaira!

La niña, que estaba en brazos de su padre sonrió al mirarme mostrando todos sus pequeños dientes blancos. Entonces, Papín me presentó a su mujer que pasó de la cocina a la sala, y le dijo a ella:

--Este muchacho también va a viajar. Me acompañó para ver si aparecía algo qué hacer, pero nada...

Muy desalentado, el hombre agregó:

--Parece que no tendré más remedio que seguir en la desgracia de hacer ese viaje.

La mujer, sin comentar, con rostro sereno y voz apagada, dijo:

--Te voy a calentar la comida. Al menos todavía nos fían en el colmado.

El hombre sonrió algo resignado; entonces respondió:

--Está bien, caliéntala. Y sírvele la mitad a Raúl.

La mujer regresó a la cocina mientras nosotros permanecimos en la pequeña sala. Desde allí podía verse a la mujer lidiar con los calderos. En tanto, Papín, sudado, retozaba con su hija que se le encaramaba en las rodillas para que él la meciera.

--¡Niña, deja a Papín tranquilo que está cansado! --gritó la mujer desde la cocina.

Yajaira viró la carita y sus ojitos menudos relampaguearon; bajó deprisa y corrió por el piso de cemento entre los humildes muebles de madera, llegó hasta su madre y la miró atentamente. La mujer interrumpió su labor para mirar a la pequeña con ternura. Y con amorosa voz le dijo:

--¡Tú no te cansas de jugar! ¿Eehh?

La niña sonrió. Corrió de nuevo a donde su padre. Él la cargó; juntó su mejilla con la de ella.

--¡Cosita de Papi! ¡Cosita de Papi! --Papín repetía. Y al cabo de unos instantes me miró con tristeza y me dijo:

--Raúl, por esta situación es que yo me voy.

Sus ojos se aguaron. Tenía intenciones de seguir hablando del tema, pero lo interrumpió su mujer que traía la comida. Después de comer, me sentí más a gusto. Papín, por su parte, se sintió más dispuesto a hablar y me dijo:

--Raúl, yo me voy porque no hallo ni para darle de comer a mi mujer y a mi hija. Debemos pagar doscientos pesos por este pedazo de casa y ya tenemos dos meses de atraso. No sé qué hacer. Quiero creer que las cosas van a cambiar después de estas elecciones que se aproximan; pero si se quedan en el gobierno los mismos que están o vuelven los que estaban, seguiremos de mal en peor. A esos políticos lo único que les interesa es robar, saquear al Estado. Pero de lo que quiero hablar, Raúl, es de usted. Yo en su lugar no me iría; yo volvería a la "rentcar" a insistir que me den trabajo nuevamente. Usted es un muchacho joven e inteligente, y puede conseguir lo que quiere aquí en su país. ¿Para qué ir en busca de algo que no está seguro? No se vaya, Raúl. ¿Por quién usted se va a arriesgar? No tiene esposa, no tiene hijos.

--Sé que me irá bien en los Estados Unidos. Allá las cosas son mejores que aquí. Los que regresan siempre vienen mejorados económicamente, los que se quedan no avanzan, no encuentran salida. Y en mi caso, Papín, como no tengo ni esposa ni hijos, me es más fácil irme, pues me hallo sin compromisos, sin ataduras.

Aun después de oír mis razones, Papín las desaprobó, y en esas discusiones nos llegó la noche. Él dijo:

--Vamos a ver qué dicen esos salteadores.

--¿De cuáles salteadores habla usted, Papín?

--Del tal Augusto, Pedro y su combo. ¿No cree usted que son ladrones que andan engañando gente?

--No sé de Pedro, pero de Augusto dicen, y yo tengo razones para creerles, que es de confiar.

--¡No sea bobo, Raúl! Aunque alguna gente diga lo que diga, todos son maleantes. Augusto no es una excepción; si en verdad hubiera sido serio, le hubiera devuelto el dinero a mi compadre, el doctorcito, y a toda la gente que a causa de las demoras y por otras razones ya no se quiere ir. ¿Es que usted no sabe que mucha gente que iba a participar en el viaje anterior anda como loca buscando a Augusto mientras él se esconde? ¿Cómo cree usted que se sienten esos infelices después de que venden sus casitas, sus refrigeradores, sus motocicletas, sus conucos... para conseguir los mil quinientos pesos del viaje y que esos delincuentes, sin ganárselos, se los gasten bebiendo ron, mujereando y andando en carros lujosos? Porque en eso es que usan el dinero…

Yo notaba que Papín hablaba exaltadamente. Y queriendo calmarlo le dije:

--Amigo, es cierto que algunos que pagaron su pasaje ni siquiera saben que Augusto se ha metido en este barrio. Pero él ha repetido que va a quedar bien con toda esa gente, que hará otro viaje. Mientras tanto, Papín, no nos preocupemos por ese asunto, que bastantes problemas tenemos ya con los nuestros.

Entonces sonrió y me dijo:

--¿Cómo puede usted decir algo tan desconsiderado? Bien se ve que usted todavía es un muchacho.

--Siendo sincero, Papín, por ahora lo único que tengo metido en la cabeza es irme de este país: tengo deseos de que el viaje por fin se realice.

# CAPITULO 8

## El tortuoso camino a Punta Cana

El tres de febrero, meteorología finalmente pronosticó buen tiempo para los próximos días. Al siguiente día, nos dispusimos a emprender el viaje hacia la playa. Durante la tarde la gente compró provisiones e hizo sus últimas diligencias. Por su parte, Leo y sus ayudantes se afanaban en que, esta vez, todo les saliera bien. Entre otras gestiones de rigor, confirmaron el contacto que llevaría la yola a Punta Cana, playa ubicada al extremo este de del país y a tan sólo noventa millas de Mayagüez. Pero no desembarcaríamos en Mayagüez; Leo nos había informado:

--Navegaremos hacia Cabo Rojo, al sur de Mayagüez, pues tanto Mayagüez como Aguada, Rincón y demás puntos muy cercanos, son lugares muy vigilados por los guardacostas puertorriqueños.

Cerca de la media noche, fuimos a buscar la embarcación qué desde el viaje anterior esperaba escondida en unos matorrales a una orilla de la Autopista Este que conduce a San Pedro de Macorís. Internamos un gran camión en los matorrales y nos tomó una hora meter la yola en él. La colocamos boca abajo; encima le tendimos una gran lona, para ocultarla de quienes vieran pasar el camión. Entonces, cerca de cuarenta hombres que realizamos la labor, nos metimos debajo de la yola, en la parte trasera del vehículo. Tratamos de acomodarnos en el piso mientras un compañero alumbraba con una linterna.

El minibús, a cargo de José y de Frank, se había adelantado cargando las mujeres, el combustible y los dos motores (de 25 y 40 caballos de fuerza respectivamente) que usaría la embarcación. Pasada la media noche, el camión se encontró con el minibús que esperaba a orilla de la autopista. Los choferes de ambos vehículos se cruzaron algunas palabras y entonces el minibús se puso en movimiento. El camión lo siguió.

Por precaución, para disminuir las posibilidades de que nos descubrieran en nuestro recorrido a Punta Cana, los organizadores, tal como lo habían planeado, tomaron una vieja carretera que, al menos a esa hora, nadie transitaba. Se tomó ese camino a sabiendas de que resultaría más difícil y más lejos que por la vía regular. Era, una carretera difícil de transitar, totalmente desprovista de luz eléctrica y con abundantes hoyos. Los vehículos debían ir a velocidad reducida para no maltratar la yola. El duro piso de madera nos hacía sentir el deforme camino. Por las rendijas de la cama del camión, el aire fresco de la madrugada se colaba y traía consigo el aroma de los árboles del camino. Yo intentaba mirar hacia afuera en busca de algo novedoso. Cuando llevábamos poco más de una hora de recorrido, el camión se detuvo. Por entre las hendijas logré ver agua. Después de dos minutos, Pedro, desde afuera gritó:

--¡Desmóntense para que nos ayuden! ¡Tenemos problemas!

Nos apeamos del camión frente a un río. Sus aguas turbias eran acariciadas por ramas de frondosos árboles que, en abundancia, hincados a ambas orillas del río, parecían beber. La carretera se interrumpía ante la corriente y al otro lado continuaba su trayecto. Por no haber puente, los pocos vehículos que recorrían esa vía debían atravesar el río directamente. Pero, a causa de las lluvias de los días anteriores, esa madrugada, el río estaba crecido.

--¡El río está más hondo hoy! ¡Vean que desgracia nos ha pasado! --lamentó Pedro, mostrando el minibús medio sumergido en el agua. Leo añadió:

--Debemos cruzar por aquí. Si nos devolviéramos a tomar la otra carretera, se nos haría de día y nos apresarían sin siquiera llegar a la playa.

El minibús había intentado cruzar el rio primero; pero, a menos de la mitad del intento, casi medio vehículo se sumergió en el agua. Las mujeres se apearon del minibús. Los hombres nos descalzamos y nos metimos al agua. El lodo era abundante y, a pesar de que las aguas ya habían apagado el motor, con nuestro empuje, el vehículo comenzó a moverse. Más de un cuarto de hora tomó cruzar el minibús a la otra orilla. En cambio, el camión atravesó el río sin problemas y sin la ayuda de nadie. Frente al río, el camino lucía llano y despejado. Y los entendidos en mecánica se dispusieron a encender nuevamente el motor del minibús. Secaron el carburador y no prendió. Luego todos tiramos el vehículo, una y otra vez, pero no logramos nada. Después de un rato uno de los viajantes dijo:

--Pronto se hará de día y si no nos metemos en el mar antes de que aclarezca, nos van a tronchar este viaje también.

--¡Tengo una idea! --dijo otro viajante y en un instante trajo una soga que debió haber conseguido en el camión. El hombre agregó:

--Amarremos el minibús y que el camión lo tire hasta la playa.

--¡Problema resuelto! --proclamó una mujer. Pero Leo protestó alarmado:

--¡No, no, no! ¡Eso llamaría demasiado la atención! Es mejor que saquen todo del minibús y que lo monten en el camión. Y que en él nos vamos todos. ¡Eso es lo que se va a hacer; pero rápido! --insistió Leo, palmoteando las manos, como solía hacerlo.

Subimos los motores, la gasolina… y en el espacio que quedó nos metimos amontonados como sardinas enlatadas. Y continuamos nuestra travesía por la carretera que comenzó a mostrarse menos tortuosa. Dejamos el minibús a la orilla de la vía. José tendría que arreglárselas para repararlo y devolverlo a la agencia de alquiler.

# CAPITULO 9

## *Las primeras horas de terror*

A las tres de la mañana apagaron las luces del camión y a poco trecho sus ruedas se abrieron paso sobre la arena entre los erguidos cocoteros de la apartada playa de Punta Cana. Cuando el camión se detuvo. Leo, desde fuera gritó:

--¡Ya llegamos, desmonten todo! ¡Es casi de día, que no nos apresen!

De inmediato nos apeamos. Y no hallamos de nuevo ante el ancho mar después de tanta espera, de tanta ansiedad, de tantas noches de desvelo y de tanta tensión aglutinada que, en esos instantes, se desbordaba desmedidamente. El agua azul oscura del mar no traía gran agitación hasta la playa; pero mis rodillas y mis dientes tiritaban. Bajamos, con gran cuidado, la embarcación a la arena y también los motores y las demás cosas. El camión se marchó de inmediato. Partió con las luces apagadas para no llamar la atención. En esos instantes hallé pequeña la yola que habíamos puesto sobre la arena húmeda. Era algo más grande que la que utilizamos en el viaje fracasado; pero cada uno de los casi setenta viajantes que habríamos de abordarla dispondría de muy poco espacio en ella.

Cargamos la yola unos cuarenta metros hasta meterla en el mar. Y, mientras ayudaba con la embarcación, sentí unas punzadas en mi pie derecho, cerca del dedo mayor. Miré mi pie; me esforcé para ver unos puntitos negros que me producían gran dolor. "Pisé algún animal, pensé, o acaso una tabla con clavos oxidados." Nada resolvía con saber lo que había pisado y no tenía tiempo para curarme. Oía el rumor de la gente, el de las olas y sentía más que dolor, un gran miedo. La gente subía gasolina y provisiones y yo hallé tiempo para realizar una necesidad impostergable: evacué pródigamente tras el grueso tronco de un cocotero. Entonces, con mi mochila, medio cojo, me dirigí a la yola que acababan de cargar.

Cuando el motor prendió, hubo que impulsar la yola mar adentro. Lo hicieron, con dos remos de madera que se metían en el agua hasta que sus extremos tocaban la arena. De inmediato nos dimos cuenta de que parte de la brea, muy reseca, se había despegado y que el agua se filtraba por algunas de las junturas de las tablas del fondo y de los lados. No entraba mucha agua, pero sentí gran deseo de arrojarme al mar para volver a casa. Los recipientes plásticos que contenían agua potable fueron cortados de inmediato y con ellos comenzamos a desaguar la yola. Mientras tanto, con gran lentitud, la embarcación empezó a alejarse.

Hora y media después, se veían ya lejos los cocoteros de la playa y el faro de Cabo Engaño, mientras seguíamos, muy despacio, apartándonos de la costa. Yo centraba mi vista en la luz del faro de Cabo Engaño, mientras recordé algo que en mis años de escuela primaria había aprendido en mi libro de Geografía Dominicana: "Cabo Engaño es el punto más oriental de la isla La Española." Entonces no imaginé que lo iba a conocer de esta manera. Pensaba y nostálgicamente quería seguir recordando tantas cosas: muchas vivencias, muchos lugares que dejaba, muchos sueños rotos… quería pensar en todo; pero no me concentraba en nada, porque así, como el mar nos abrió su ancha puerta por la que entramos, así mi mente era un lecho por donde de golpe circulaban muchos pensamientos, y emociones intensas. Mientras tanto, la situación de nuestro chinchorro daba claros indicios de empeorar. Las olas se hacían cada vez más agresivas y algunos viajantes vomitaban hasta bilis. Las quejas y el descontento ya estaban presentes. Unos pedían:

--¡Devolvámonos!

Otros gritaban:

--¡Sigamos!

Mientras tanto, un largo número sólo temblaba en silencio.

Y la fe contagiaba a la gente; las promesas a Dios y a los santos se oían en alta voz. Yo, que desde el principio había echado mano a un recipiente, continuaba, al igual que otros, dedicado a extraerle agua a la yola. A lo primero, me había agachado, pero ahora, para no cansarme demasiado, estaba sentado entre el agua con los pies estirados. Me inclinaba sólo cuando debía sacar agua más deprisa a causa de que alguna ola fuerte nos inundara.

Pedro iba atrás al timón con rostro preocupado. A su lado viajaba Leo,  con aquella rara mezcla de serenidad y angustia que su rostro reflejaba frente al peligro. Yo estaba en el medio, extrayendo agua y a Frank podría vérsele en la proa, mirando hacia el frente. Y los demás, entre ellos Ana, Papín y La Fiera, viajaban muy cerca los unos de de los otros. Quedaba, sin embargo, espacio para sacar agua. Cuando las olas levantaban la yola, podíamos aún divisar la luz del faro de Cabo Engaño y gran parte de la costa. De repente, se paró el sonido del motor. En seguida, Leo explicó:

--Montaremos el motor de cuarenta para avanzar con más rapidez.

Mientras lidiaban con los motores, debíamos seguir sacando agua incesantemente, porque se metía con más prisa por cualquier lugar. En pocos instantes colocaron el nuevo motor e intentaron prenderlo; pero no arrancó. Papín estaba cerca de la proa y después de unos minutos pasó atrás a ayudar.  A poco rato dijo:

--Este motor está muy mojado por dentro. Es difícil que prenda.

Con gran angustia, yo continuaba sacando agua y también atento a todo lo que pasaba. Casi había amanecido, pero el cielo estaba muy nublado. Y después de media hora de revisar e intentar encender el motor, Leo dijo:

--Parece que este motor se mojó cuando cruzamos el río. Ahora debemos continuar con el motor pequeño. Ya no podemos devolvernos.

El motor más grande fue entonces reemplazado por el anterior, qué volvió a prender con pocas complicaciones. Y de inmediato seguimos la marcha. Al cabo de un rato, Frank, con voz serena, preguntó a Leo:

--¿Crees tú que ese motorcito de veinticinco resista el viaje?
--¡Es nuevecito! --respondió el capitán con gran vigor--. Tardaremos mucho más en llegar, pero no tiene porqué fallar.

El motor era nuevo; pero sólo habían planeado usarlo para alejarse de la costa dominicana y para aproximarse a Puerto Rico. Por ser más pequeño, hacía menos ruido, lo que resultaba ideal para lograr una partida y un arribo silenciosos. Era dudoso, sin embargo, que el motorcito resistiera la dura prueba del viaje total. Por eso, los entendidos en mecánica siguieron tratando de encender el motor más grande. Mientras tanto, unos doce continuábamos desaguando la yola y otros esperaban su turno para sacar. Y en esas condiciones nos abríamos paso por el cada vez más agitado mar.

Pasadas las siete de la mañana, las condiciones empeoraron. Sin que hubiéramos podido ver el sol, comenzó a caer una lluvia fría y pertinaz. A causa de ella, el nivel de las aguas subía dentro de la embarcación. Nos vimos obligados a persistir sacando agua y más agua. Y poco a poco, la lluvia fue intensificándose; también aumentó la fuerza de la brisa y, con ella, la cantidad y la proporción de las olas. Lo notable era que se avanzaba poco, se extraía mucha agua y se oraba y se rezaba mucho. Mientras algunos de los viajantes no decían nada, otros se lamentaban por hallarse siendo parte de ese viaje; y nunca faltó quien llorara ni quien vomitara.

Las horas continuaron pasando mientras la rauda lluvia caía. Y daba la impresión de que las olas se habían propuesto hacernos perecer. Cada vez, con más agresividad, atacaban por babor y estribor. La yola era más vulnerable en los costados, y allí el oleaje seguía golpeando con más fuerza y sin descanso. Unas olas eran más grandes que otras. Pero las nuevas olas superaban en altura a las que ya habían pasado. Las que venían de frente eran muy altas, pero no tan peligrosas como las laterales, qué metían más agua en el bote. Una de éstas causó el, hasta entonces, momento más precario. Avanzó contra la yola, la golpeó con violencia y también dio en los cuerpos de los viajantes. Fuimos balanceados de estribor para babor, pero reaccionamos a prisa y logramos mantener el barquichuelo equilibrado. Buena parte del agua pasó por debajo de la yola, elevándola a gran altura, mucha agua cayó adentro arropando los gritos y chillidos de la gente, éstos sustituyeron por un momento el sonido del motor, qué se detuvo tan pronto nos arropó la sábana de agua. Fueron minutos de un espectáculo conformado por: gritos, chirridos, cuerpos temblorosos, orines involuntarios, heces recién salidas y rostros despavoridos.

--¡Ay Dios mío! ¡Ay mi madre! --repetía una mujer llorando.

--San Sebastián, San Isidro, San Miguel, San Antonio, San Pedro… --rezaba la más vieja.

--¡Dios mío!, ¿Pero en qué nos hemos metido? --clamó un hombre.

Mis ojos querían saltar y mi corazón corría desbocado. Miré a Leo para darme ánimo, pero noté que hasta los labios le temblaban. En tanto, algunas mujeres yacían desmayadas y casi sumergidas en el agua y sus contaminantes.

Cuando más cerca está la muerte, más se aprecia la vida. La mayoría logró dominarse y perseverar devolviéndole, con más vigor que antes, agua y más agua al mar. Esa agua era ya un sancocho nauseabundo de vómito, hez y hogaza de pan. Mientras tanto, la incesante lluvia y el viento bullicioso mostraban que Meteorología se había equivocado en su reporte de buen tiempo.

Después de un cuarto de hora, cuando la gente hubo recuperado un poco, sólo un poco, la calma, algunos comenzaron a lidiar con el motorcito. Tras casi una hora de mucho empeño lo encendieron nuevamente. Y, aunque desde hacía gran rato ya no se veía tierra ni faro, habría que ver si Leo iba a hacer caso a lo que algunos viajantes habían pedido a grito y que ahora volvían a repetir:

--¡El mar está muy bravo! ¡Volvamos a tierra!

En cambio, Leo consideró los inconvenientes asociados con

devolvernos a la playa la vez anterior y, en tono suave pero con la determinación de quien no va a acceder, respondió:

--Debemos proseguir. Es de día y estamos muy lejos. Regresar conlleva los mismos riesgos que continuar.

Y continuamos nuestra travesía entre amenazadoras olas. Mientras tanto, las horas transcurrían con lentitud espantosa. Indefensos, veíamos cada ola elevarse ante nosotros como montaña gigantesca que amenazaban con tragarnos. Esperábamos cada nueva ola con gran expectativa, podría ser ella la que diera el último zarpazo a la embarcación. Cada vez que una ola levantaba la yola, se oía al motorcito resonar en seco, porque sus hélices giraban en el aire y no dentro del agua. Cuando la yola caía, se producía un sonido terrible seguido por el violento bamboleo de la nave que hacía crujir los clavos y la madera y nos mantenía advertido de que en cualquier momento ocurriría el destroce total.

# CAPITULO 10

## *Agotamiento e inseguridad*

Cumplimos nuestras primeras nueve horas en el mar, manteniendo a flote con grandísimo esfuerzo y habiendo navegado con una lentitud desesperante. Habían sido nueve horas de gran batalla. Yo no sentía gran hambre, no sentía gran sed, pero estaba cansado de la angustia de verme tan indefenso e inseguro como nunca antes. Pero hallaba algo de consuelo en el oficio de desaguar la yola. Sentía una debilidad crónica y a veces los calambres me obligaban a interrumpir la tarea de sacar agua. Yo, reconociendo que las cosas pasaban de difíciles a más difíciles. Estaba casi convencido de que nunca completaríamos el viaje. Aunque las olas habían reducido levemente su furia, su amenaza seguía latente. Por otro lado, toda el agua que se filtraba a la yola nos hacía notar que quedaba poca brea en las junturas de las tablas.

Caía una densa llovizna que se convertía en neblina con el soplo del viento. En tanto, se desvanecía poco a poco la esperanza de llegar a algún islote donde descansar. Teníamos ante nosotros al mar bravío e inquieto como yo nunca lo había visto. La gente hablaba poco, a veces se oían discordantes: lamentos, rezos, sollozos, la reiteración de una promesa a algún santo…

pero nada alentador. En ocasiones, alguno trataba de animar y profería las tan repetidas palabras:

--¡Saquen agua, señores! ¡Saquen agua!

Todo aquello era desolador. Sentía todos mis males como un conjunto de emociones crueles. A la vez, me asombraba de ser tan resistente para sacar agua. Me dije:

"Nunca me sospeché capaz de realizar un trabajo físico tan arduo como extraer agua continuamente de esta yola; llevo más de ocho horas haciéndolo. Nadie rinde tanto como yo… todavía tengo en mi mano este recipiente con qué comencé a desaguar esta yola. No me explico porque a algunos se les zafan las vasijas de las manos… a mí ni los calambres, estos incómodos calambres, me hacen soltar este pedazo de pote. Siento más calambres en las piernas porque me tengo que mantener en esta incómoda posición por mucho rato, también por la lluvia y por toda el agua con qué viaja esta embarcación. Ya no siento las duras tablas bajo mis músculos entumecidos. Y mi espalda, me duele mi espalda; pero debo seguir sacando agua."

Papín también sacó agua por algún rato, pero había cesado y descansaba apoyando la espalda en la pared lateral izquierda. Después se paró e intentó abrirse paso entre los viajantes y, agarrándose de las cabezas y de los hombros de algunos, llegó hasta la proa. Contempló las olas que seguían meciendo la yola y la llovizna, que soplada por los vientos parecía niebla que emergía del mar. Y con esa calma que nunca lo abandonaba, Papín continuó escudriñando el horizonte.

Leo descansaba en el penúltimo asiento. Frank recién tomaba el volante en reemplazo de Pedro qué se había metido debajo de los bancos y reposaba después de haber guiado la yola durante cuatro horas continuas. Yo estaba cerca del borde izquierdo, a mitad de la yola. Sacaba agua y me sentía mil veces desgraciado por haberme metido en ese viaje. Algunas olas persistían en bañarnos y al traer más trabajo para dejarnos descansar. La Fiera estaba desparramada sobre el piso. Al principio, en ocasiones de mucho aprieto, había ayudado a sacar agua; pero ya hacía horas que no cooperaba. Él se cubría la cabeza con un sombrero de paja y cuando el agua se lo tumbaba, lo encontraba a tientas. Parecía que ya no pertenecía al grupo. Sus acciones, además, no correspondían con la situación en que estábamos. Cada vez que una ola nos echaba una bocanada de agua, La fiera emitía una risotada semejante a la de un loco manso y juguetón. A su lado, venía también otro joven no menos extraño. Tenía los ojos abiertos y lejanos como los de un animal disecado con mirada asustada. Correspondía cuando La Fiera susurraba:

--¡Broder, dame otra rochi!

Entonces, el joven, con manos temblorosas, sacaba un frasco del bolsillo de su camisa y, aprovechaba el tiempo que transcurría entre el azote de una ola y el de otra, extraía dos pastillas de color blanco. Daba una a su compañero y consumía la otra. Cuando eso sucedía, La Fiera inclinaba nuevamente la cabeza sobre el bulto de ropa mojada y reía a las olas y al crujido que el bamboleo le arrancaba a las tablas y a los clavos de la embarcación.

A las cuatro de la tarde, a trece horas de haber entrado en el mar, cesó la llovizna. Papín, volvió a pararse en la proa, volvió a escudriñar el horizonte y el cielo aún nublado. Yo torné a mirarlo porque había hecho una pregunta de interés. Aunque en tono vacilante, había dicho a los organizadores:

--¿Ustedes están seguros de que vamos en dirección correcta?

Ante tales palabras, Leo se puso de pie y comenzó, apresurado, a examinar hacia todas direcciones en el horizonte. Yo también miré para todos lados, pero el cielo no me indicaba nada; para mí sólo era nublado e indiferente. Leo no tardó en dar su opinión, qué fue respaldada por sus ayudantes.

--Vamos bien --dijo--, para allá queda Puerto Rico.
--A mí me parece que nos hemos ido inclinando hacia el Norte.

--insistió Papín.

Después de esto, con frecuencia, yo hacía a Leo la misma pregunta que había hecho Papín. Y recibía la misma respuesta, contesta que no me convencía del todo: por todo el tiempo que navegábamos sin ver tierra y sin divisar nada alentador.

A las seis de la tarde viajábamos entre rápidas y altas olas. La Fiera y su compañero continuaban alucinándose. Otros sacábamos agua. Y un viajante, que en el transcurso del viaje había formulado algunas quejas contra quienes se negaban a ayudar, lucía de mal humor, le temblaba el rostro y parecía respirar muy deprisa. Y en una explosión de cólera, arrojo el recipiente con que extraía agua y dijo, con voz amenazante:

--¡Aquí todo el mundo tiene que ayudar! ¿Cómo es posible que los más débiles y hasta algunas mujeres hayan estado sacando agua, mientras los hombres más robustos no hacen nada?

Muchos respaldamos lo que el hombre había dicho. Otro compañero, con no menos enojo que el anterior, dijo, desafiante:

--¡Es verdad! ¡Mira a éste, no joda!  --y apuntaba con el índice a La Fiera qué había abierto los ojos con el alboroto. La Fiera, sorprendido, miraba al hombre malhumorado que decía, refiriéndose a él:

--¡Éste todavía no ha sido capaz de coger un pote de esos para sacar una sola gota de agua! Y viene, como muchos otros, de lo más tranquilo, salvándose con el esfuerzo de quienes sí sacamos.

Su alocución tan directa perturbó a La Fiera. Y muy molesto se levantó del piso. Yo pensé que iba a defenderse diciendo que a veces había cooperado. Pero, La Fiera, mostrando en su semblante un enojo que hacía justicia a su nombre, atajó a quien hablaba y, a toda voz, en tono amenazador dijo:

--¡A mí no me jodas, coño! No voy a sacar ninguna maldita agua. ¡Y si no te gusta, ven házmela sacar, hijo de la gran puta!

El otro hombre ante tales palabras, se dispuso a golpear a La Fiera. Entonces comenzó el griterío de todas las mujeres y la intervención de algunos hombres. Dos o tres agarraban al desafiante, mientras la yola se bambaleaba amenazante. La Fiera, por su parte, había sacado un filoso cuchillo, lo blandía esperando que el otro atacara y reclamaba:

--¡Déjenmelo, déjenmelo! Le voy a demostrar que yo tengo los cojones más grandes que él.

Los hombres continuaron agarrando al retador que, por su parte, al ver el cuchillo, no hizo mucho esfuerzo por zafarse. Al mismo tiempo, Pedro y otros hombres pedían a La Fiera que depusiera el arma para evitar una tragedia. Alegaban que si había un pleito, era muy fácil que la yola se virara. Cuando todo se fue calmando, con gran disgusto en su semblante, Leo regañó a Pedro:

--Te dije que te fijaras bien en la gente que conseguías para el viaje. Yo no traigo a todo el que quiere viajar…

Al principio, Pedro no protestó por los reproches; pero estaba rabioso y como Leo insistía en culparlo por lo ocurrido, al cabo de un rato, dijo:

--¡Está bien Augusto, ya callémonos! Tú sabes que lo más difícil es bregar con gente. Yo le dije a todos que un pleito fue lo que causó el naufragio de la yola aquella y que se me jodieran todos aquellos infelices y ni siquiera así evitan las desgracias.

La situación en la embarcación volvía a la normalidad; pero a pesar de que se evitó la trifulca, todavía quedaba la posibilidad de un enfrentamiento, pues La Fiera inició una actitud distinta a la que había traído. Antes, había estado tranquilo y risueño; ahora hablaba de todas las cosas que se le venían a la mente. Cuando se calmó y decidió sentarse, dijo con voz enfática:

--A mí me importa poco que nos jodamos todos. Yo no mandé a nadie a que se metiera en esta vaina. Todo el que se monta en una yola es porque está dispuesto a joderse. Es mejor que nadie se meta conmigo… cuando esta mierda de yola se acabe de joder, yo voy a coger este tanque vacio y me voy a salvar. Y a cualquiera –insistió en tono aún más firme--, a cualquiera que trate de acercarse a mí, lo voy a recibir a puñaladas limpias. ¡Ya lo saben!

En ese momento, una mujer que en el transcurso del viaje se había desmayado como diez veces, con voz débil y lastimada, dijo a Leo:
--Augusto, por favor, diga a ese hombre que haga silencio. Que si no quiere sacar agua que no saque, pero que se calle.

La Fiera al oír a la mujer haciendo esta súplica, le gritó:

--¡Cállate tú, coño…! Ustedes no querían comprar comida y ropa barata… ¡Cojan ahora!

Leo entonces intervino. Y le explicó con buenas razones el porqué debía callarse. La Fiera se tranquilizó un poco y estuvo en silencio por más de media hora. Pero después, ya en tono alegre, habló a Germán que, en un rincón de la yola, atacado por fiebre y dolores de cabeza, lucía enteramente desolado. Con aire impertinente y con risa burlona, La Fiera dijo al ex síndico:

--¡Coño síndico! ¿Quién lo diría? ¿Quién lo imaginaría que ibas a verte en éstas? ¿Quién pudiera creer que eres el mismo hombre de finas reuniones, buenos vinos, playas y hoteles? ¡Tú aquí después de toda esa buena vida que te diste cuando eras síndico!

Algunos no tuvimos más remedio que reírnos; en cambio, otros también quisieron continuar haciendo chistes a costa del pobre ex síndico. Pero él tenía un rostro severo, como de roca. No hizo caso a los impertinentes y se quedó como si el asunto no fuera con él.

# CAPITULO 11

## *Nuestra larga noche en el Caribe*

La noche comenzaría pronto a teñir de negro el paisaje mojado. La claridad del sol se perdía entre el agua y las nubes. Y, aunque las olas no daban tregua, se hacían cada vez menos altas. La escasez de potes plásticos para sacar agua obligó a que usáramos las vasijas de comida y las gorras metálicas de algunos. Sin embargo, cada vez quedaban menos envases con qué extraer agua y menos gente dispuesta a extraerla. Muchos se negaban a reemplazar a los que hacían esta tarea. Los más cooperadores, quejándose del agotamiento y de que otros no ayudaban, dejaban de extraer agua. Desaguar la yola significaba seguir a flote, continuar con vida. Al avanzar la tarde, sólo yo y otros tres continuábamos desaguando la yola e insistíamos en que otros cooperaran. Pero no hacían caso. Me resultaba incomprensible que prefirieran morir a sacar agua; lo consideré increíble hasta que yo mismo fui uno de ellos. Pensé que era ilógico tomar tal actitud, pero la tomé. Hasta entonces me había sentido orgulloso de ser el que más agua extraía. Leo y algunos compañeros ya me habían reconocido este mérito. Pero resolví no sacar más agua. Y con tal decisión, sentí que me vengaba de quienes no ayudaban.

"No vale la pena, me dije, seguir luchando. Como quiera, quizás nos ahoguemos pronto. Que uno se muera no debe ser tan malo; tal vez es sólo un alivio. Eso debe ser: un alivio. Algunos minutos de agonía, pero después…"

Sólo tres continuaron extrayendo agua. Yo me eché debajo de algunos bancos, entre los pies de quienes estaban sentados. Me tendí a descansar sin temor a morirme. Y al cabo de un cuarto de hora de estar allí tirado, medio sumergido en el agua, sentí que algo muy tibio bañaba mi cara. Abrí los ojos sospechando lo que ocurría: una mujer de poco más de cincuenta años, sin duda la más vieja de los viajantes, dejó caer, precisamente en mi cara, sus cálidos orines. Muy enojado, paré la cabeza, decidido a insultarla. Pero la mujer me miró con rostro dolido y ojos lagrimosos. No dijo palabra. Yo le tuve pena y tampoco dije nada. Quise echarme nuevamente, pero el agua continuaba subiendo. Quienes la sacaban rogaban por ayuda y perturbaban la tranquilidad que yo quería obtener. Leo era el que más insistía en que extrajeran agua. Hubo un momento en que él mismo reemplazó a uno de los compañeros y se integró a sacar agua. Yo, en cambio, me quedé inmóvil y pensativo. Sentía más debilidad que hambre, estaba exhausto, apaleado; me dolían las punzadas en el pie y mi estómago enfermo me mordía. Sentía una irracional rabia y poco deseo de vivir. Pero, después de buen rato, pensé en la vida fuera del mar. Razoné sobre lo joven que aún estaba y volví a sentir miedo a la muerte. Me incliné a creer que evitarme sentir miedo era realmente ser cobarde, pues resultaba la salida más fácil. Y entonces, con amarga pero cabal resignación, y aún enfadado con quienes se aferraban a la actitud de inercia que por un rato compartí, me dije:

"Haré lo que pueda, mientras pueda. Si voy a morir pronto no importará nada; pero si me salvo, tendré una vida entera para vivirla. Y cuando todo haya pasado, no me veré en otra situación igual con ninguno de estos desgraciados. La mayoría son unos estúpidos. No les importan sus vidas y mucho menos las ajenas. Nunca debí meterme en este viaje. No debí creer que iba a ser diferente al anterior. Debí haber hecho lo mismo que Juan, el cibaeño. Él fue verdaderamente inteligente; pero ya estoy aquí. Y me prometo que por falta de mi esfuerzo no se hundirá esta yola."

Después, la oscuridad terminó de pintar todo de un solo color. A las ocho, llevábamos diecisiete horas en el mar sin aún haber visto ni siquiera algún islote donde se pudiera arrimar la deteriorada embarcación. Volvió a salir a flote la idea de que pudiéramos no haber estado yendo en la dirección apropiada. Yo pensé: "Sin brújula, habiéndose apagado este motor varias veces, un cielo nublado no puede ser guía para conducirse en este mar embravecido." Pero, antes las quejas de algunos, los organizadores insistieron:

--Vamos bien. Nosotros conocemos el trayecto como las palmas de nuestras manos. Si Dios sigue con nosotros, en cualquier momento llegaremos a una islita donde descansaremos y luego continuaremos el viaje.

La noche avanzaba haciéndose cada vez más oscura. Era una noche sin luna, sin una estrella en el cielo, llena de nubes negras. Se tornó imposible vernos unos a otros. Al mirar a nuestros lados, daba la impresión de que estábamos inmersos en un gran bosque movedizo. Las olas roncaban acá y allá; y bajo nosotros y en los laterales, el agua continuaba filtrándose. Debíamos seguir sacando agua impostergablemente para mantenernos vivos. Leo, como siempre, esporádicamente dejaba escuchar algunas palabras de aliento para confortarnos. Y, a partir de las nueve llovió durante una hora. Y la ropa mojada y el viento mortificaban aún más nuestros agotados cuerpos. Cuando cesó la lluvia, una de las mujeres dijo, con lloriquearte voz:

--¡Tengo mucha hambre! ¿Puede alguien darme algo de comer?

La mayoría de los alimentos que los viajantes cargaban eran los más baratos y los más fáciles de obtener: bolsas de pan, coconetes, masitas, galletas, salami y queso. Pero antes del medio día ya habíamos notado que ninguna bolsa plástica se salvó de que el agua la penetrara. El pan, las galletas, los pedazos de queso y de salami, todo había sido destruido por las saladas aguas. Todo lo habíamos sacado junto a las heces, los vómitos y junto a algunas propiedades que los viajantes arrojaron al mar. De todas formas, escuchamos que un compañero dijo a la mujer:

--Doña, tenga esta lata de sardinas. A mí ni siquiera hambre me ha dado todavía.

A media noche, comenzó a verse una tenue señal de claridad al noreste. Poco después, unos haces de luz comenzaron a circular en el horizonte.

--Debemos estar llegando; son las luces de barcos guardacostas

--se oyó decir a uno de los organizadores.

--¡Ay, gran poder de Dios, ayúdanos! ¡Que no nos agarren! --rezaba José, el contador, distrayéndose de sacar agua.

Los haces de luces rotatorias se hacían más intensos. Y al avanzar, las luces delataron la presencia de tres barcos en total. Estaban a gran distancia uno de otro, pero con sus luces que brillaban sobre la inquieta superficie, parecían cubrir toda el área que veíamos frente a nosotros. Poco a poco, nos fuimos hallando dentro del radio de alumbramiento del barco más cercano.

--Es muy difícil que nos vean --dijo Leo--, esta embarcación es muy bajita. Además, el mar está muy bravo y la noche muy oscura.

Sin embargo, después de un buen rato, pudimos percibir que el barco se movía de sur a noroeste acercándose más y más a nosotros.

--¡Devuélvete, devuélvete! --se apresuró Leo a decir.

Frank, que guiaba la yola, la inclinó hacia el sur. Pedro se preguntó:

--¿Nos habrán visto esos hijos de la gran puta?

--¡No lo creo! --respondió Frank, a secas.

Leo guardó silencio. Una mujer, después de toser con un catarro muy agudo, murmuró:

--Si nos agarran no es una desgracia del todo. Ya yo no puedo seguir resistiendo esto.

Sin embargo, el movimiento de nuestra nave logró evadir al barco guardacostas, qué no varió su rumbo. Asumimos entonces que no nos habían visto.

--Estaría tan sólo cubriendo su área --adivinó uno de los hombres.

Entonces, poco a poco Frank enrumbó nuevamente la nave hacia el este. A la izquierda aquel barco se perdía de nuestra vista y muy a lo lejos, se veían las luces de los otros barcos. Papín murmuró:

--Aunque aquellos sean barcos guardacostas o de la policía marina, no les será fácil descubrirnos. Tal vez ni crean ellos que alguna yola se haya atrevido a tirarse a un mar tan bravo como el de estos días.

Y, al oriente, a tanta distancia como la vista podía alcanzar, se hacían más intensos los reflejos de otras luces.

--¡Deben ser las luces de Puerto Rico! --dijo Frank. Leo y Pedro estuvieron de acuerdo.

La claridad parecía salir del agua con más intensidad que la del preludio del alba. Embelesados, algunos hasta dejaron de sacar agua para comenzar a celebrar.

--¡Ay, parece que por fin vamos a llegar! --llorando de emoción, dijo una mujer.

El reflejo que aclaraba el horizonte era cada vez más intenso. La algarabía y el júbilo se adueñaron de nuestros corazones. Las exclamaciones de satisfacción salían sin esfuerzo. Y con la idea de la pronta llegada a Puerto Rico, se olvidaron el cansancio y las rencillas. Hasta comenzó a haber más cooperación para sacar el agua. Pero pasaron largas horas y sólo seguíamos viendo reflejo y nada de luces directa.

--¡Esta mierda no se mueve de lugar! --se quejó uno de los viajantes, desesperado porque los progresos en el movimiento de la embarcación eran apenas perceptibles. Vimos llegar las cuatro de la madrugada con la sensación de haber avanzado muy poca cosa.

# CAPITULO 12

## *Nuestro segundo día en el Caribe*

Al amanecer, después de más de veinticinco horas de navegación, la gente lucía molida. Casi nadie hablaba. Algunos echados al piso parecían muertos. Las olas, aunque menos agresivas y altas que las del día anterior, continuaban constituyendo un peligro. Dado que muchos de los objetos con que habíamos sacado agua se habían perdido, la situación seguía siendo muy delicada. Con la luz del naciente día, divisábamos frente a nosotros un punto distante e insignificante que emergía del mar.

--¡Es Desecheo! --dijo Pedro y confirmaron Leo y Frank.

Desecheo es un islote de 1.2 kilómetros cuadrados, ubicado a poco más de 20 kilómetros al oeste de Puerto Rico y cuya mayor altura alcanza los setecientos pies sobre el nivel del mar. Al parecer, navegábamos inclinados al sur, con relación a lo planeado. Frank entonces, señalando a Papín, dijo:

--El amigo aquí tenía razón. Nos estábamos yendo demasiado a la derecha; por poco nos perdemos. Pero ya estamos bastante avanzados y muy bien ubicados.

Todavía teníamos que navegar gran distancia hasta Desecheo y debíamos andar mucho más para arribar a Cabo Rojo, pero después de tantas horas sin ver tierra, divisar esa islita nos inundó, por buen tiempo, de gran alivio y calma. Sin embargo, el alivio y la calma se tornaron en pánico cuando una de las mujeres comenzó a dar gritos agudos y chirriantes que causaron el desmayo de otras y la alarma de todos.

--¡Tiburones, tiburones!

La mujer temblaba mientras señalaba unos animales gigantescos que pudimos ver dando saltos sobre las olas detrás de nosotros. Hubo unos segundos de revuelo en la yola. Yo me escalofrié al ver los animales y a causa de los gritos de las mujeres. Pero pronto Frank intervino:

--¡Calma, calma! ¡No son tiburones, son delfines! Y debemos estar contentos, porque cuando los delfines andan cerca, no hay tiburones en el área.

Después de las palabras de Frank, todo el mundo comenzó a calmarse. Algunas mujeres, al sollozar, parecían niñas a quienes les devuelven sus juguetes después de hacerlas sufrir. Entonces me fijé mejor en los animales. Eran alrededor de seis; tenían un color grisáceo y una actitud que, vista sin alarma, lucía inofensiva. Ellos parecían tan sólo divertirse brincoteando entre las olas, siguiendo el ruido del motorcito. Después de algunos minutos, nos tranquilizamos totalmente. Más tarde, los delfines dejaron de seguirnos. Y la gente guardó silencio por un rato; pero después de media hora, alguien dijo:

--¡Tengo hambre! –y tal dicho viajó a boca de otros viajantes.

Yo me sentía débil. No había probado ni siquiera una migaja de alimento desde que nos metimos en el mar. Pero no sentía gran hambre. La gente rebuscaba entre sus cosas. Un joven aún tenía tres latitas de leche evaporada; otros encontraron cinco latitas de sardinas. El joven que tenía la leche usó un destapador y puso a disposición de todos las latitas de doce onzas cada una. Pasaron las latitas de mano en mano. Una lata llegó a mí y quien me la dio recordó:

--¡Un solo trago!, ¿okey?

Puse la latita en mis resecos y cuarteados labios y tomé un buen sorbo. De inmediato, me dolió la garganta al tragar y sentí que mis tripas se disputaban el trago de leche. Destaparon también las sardinas, pero había tantas manos pedilonas que sólo el olor llegó a mí.

Mientras tanto, parecía que avanzábamos muy poco, ya que Desecheo continuó frente a nosotros como elusiva promesa. Pero confortaba tener tierra a la vista. Y Puerto Rico debía estar cerca. La noche anterior habíamos percibido sus luces. Por eso había más cooperación para sacar el agua. Aunque moviéndonos con gran lentitud, ya alcanzábamos a ver algo más que la elevada cima de Desecheo. Se distinguía algo de verdor en lo que era, sin duda, una isla rocosa. A las ocho de la mañana, estábamos tal vez a cinco kilómetros del islote. Entonces entramos a un pedazo de mar muy inquieto, donde las olas producían un espectáculo singular: venían por los cuatro puntos cardinales y el agua, al confluir, formaba remolinos que sacudían violentamente la embarcación. La ilusión de llegar a tierra, sin embargo, estuvo viva hasta que una ola lateral arropó a todos los viajantes y también al motor que nos movía. Éste se apagó al tiempo que se encendía el griterío de los viajantes. A pesar de los gritos y de la desesperación, casi todo el mundo cooperó para sacar el agua que llenaba media yola. No había vasijas suficientes y la mayoría usaba sus manos para extraer parte del líquido. Otras olas, menos importantes, seguían atacando; y sin motor en marchas, la yola se tornó más vulnerable a las embestidas del mar.

Con el paso del tiempo, el sol comenzó a picar y los hombres proferían maldiciones y lamentos. Los más creyentes clamaban a Dios y a los santos. Y quienes aún tenían ánimo y ganas de llorar no desaprovecharon la oportunidad para hacerlo. En tanto, Papín y Pedro comenzaron a bregar con el motor, pero éste no respondía a los intentos desaforados de los mecánicos. Al cabo de dos horas, el cielo vertía su fuego sobre nosotros. Yo, con adoloridos ojos, miraba a la islita como un hambriento que mira un manjar a través de un cristal. Dejé escapar un pensamiento en voz alta, casi llorando dije:

"Si al menos pudiéramos llegar a esa islita. Descansaríamos y quizás hasta podríamos hallar algo de comer. Yo comería cualquier cosa, cualquier cosa."

El tiempo continuó pasando y, poco a poco, las olas y el viento nos arrastraban más y más hacia el noroeste.

--¿Qué hora es? --preguntó un viajante, desesperanzado.

--Ya son las once --respondió otro al mirar su reloj.

Un sol candente se adueñaba de un cielo despejado y azul, qué nos ardía la piel y nos clavaba sus rayos como punzantes agujas. Pero el mar continuaba aquietándose. El agua entraba sólo por el fondo y por los costados. Lidiar con el agua y con los motores era la labor del momento; en tanto, el hambre, la sed, el cansancio y la inseguridad nos agobiaban. Para entonces, cuando yo miraba hacia Desecheo o en cualquier otra dirección, percibía que el espacio ante mis ojos se poblaba de luces movedizas. Veía puntos, estrellas y estelas luminosas tan reales como mi miserable presencia en ese lugar.

--Estamos jodidos. Esta yola va a ir a parar a casa del carajo --lamentó un hombre. Otro en cambio dijo:

--Dios es grande. Si no nos hemos fuñido todavía…

"Podríamos seguir a la deriva pensé, como ha pasado a otros que han vagado a merced del viento y de las olas por varios días hasta morir de hambre y de sed..."

Seguí pensando muchas cosas nefastas y ninguna alentadora. Veía los rostros tristes y demacrados de las mujeres y de los demás hombres. En ellos leía cuan incierto era nuestro futuro. Al pálido capitán no se le oía la voz y José, el contador, a mi lado, no paraba de rezar. Pedía a Dios, a la Virgen y a los santos que lo salvaran por amor a sus dos hijos. Insistía, al rezar, que nunca los había descuidado. Oír a José aceleraba mis angustias y, sin siquiera pensarlo, me hallé llorando con abundantes lágrimas mientras se activaron mis recuerdos. Y cualquier pensamiento era un incentivo para seguir mi incontrolable llanto. Pensé en mi madre; recordé a la que había sido mi novia y sólo encontré más angustia. Pero más que nada, al escuchar a José, mis recuerdos volaron a La Romana, a su casa; volví a ver a sus dos hijos que parecían dos tortolitas. La hembra tendría unos cuatro años, el varón casi tres. Cuando José dejó su casa, la noche de la partida, yo estaba con él. Abrazó a sus hijos con fuerza una y otra vez, como si se tratara del último adiós. Ellos, sin saber lo que su padre intentaría, parecían presentirlo; se quedaron llorando cuando José dio la espalda. Él atajó con sus dedos las lágrimas que le salían precipitadas.

La primera vez que vi a José fue en la casa de Germán, y no pensé que él también haría el viaje. Imaginé que había llegado de los Estados Unidos. Luego de sus mismos labios supe que una tía le había traído desde Nueva York la notoria cadena de oro que usaba y también la elegante ropa que le daba el aspecto de "domínican-york", de esos que se complacen en exhibir lujos. Pero el muchacho nunca había salido de su país. José, aunque decía ser graduado en contabilidad y trabajar para el Central Romana, ganaba muy poco dinero. Sus ingresos no le alcanzaban para cubrir las necesidades básicas de su hogar. En todo caso, si su esposa hubiera sabido lo que él planeaba, se hubiera opuesto resueltamente. Ella hubiera recurrido a la madre de José para conseguir que José no se fuera. Porque él no se hubiese ido con la oposición de su madre, qué estaba vieja y enferma. Varias veces José había dicho:

"Ella se moriría antes de tiempo si se entera de que planeo irme en yola. Cuando me echen de menos, ya yo estaré en Puerto Rico, el peligro habrá pasado y le habré evitado las angustias a mi madre."

Pero las angustias las estaba viviendo él. Y, en aquellos momentos, la meta fundamental no era ya llegar a Puerto Rico, sino conservar la vida. Yo continué llorando. Y Volví a pensar en mi madre y en mi tío. Resignado a morirme, entre sollozos, hablé a José, le interrumpí sus rezos:

--Sólo me duele una cosa --dije. Él no dijo palabra, pero me miró con atención y esperó intrigado. Yo añadí:

--Lamento que mi tío se pueda sentir culpable de mi muerte. Sé que se atormentará creyendo que debió oponerse con más fuerza a mi decisión de venirme en yola para Puerto Rico.

Entonces José me echó un brazo al hombro y llorando quiso consolarme:

--Ten fe –me dijo--. Nosotros nos vamos a salvar; va a ocurrir un milagro. Somos gente buena y humilde y Dios no puede permitir que perezcamos en este horrible mar.

Para enfatizar sus razones, José insistió en detallar lo bueno que él había sido con todo el mundo, especialmente con su mujer, con su madre y con sus hijos. Sentí algo de calma por la atención que me prestó, aunque no compartía su fe ni sus ingenuas palabras. Pero no quise contradecirle; no quise decirle que yo creía ver la realidad desnuda: "Son personas buenas, pobres y humildes las que dejan sus vidas a menudo en este horroroso mar; en estas circunstancias no hay garantía para nadie."

A mediodía, la esperanza de que el motor encendiera se interrumpió por algo muy novedoso: un gran barco emergió del horizonte. Se veía muy distante a nuestra izquierda; pero uno de los compañeros se levantó y revoloteó su camisa haciendo señales de auxilio. La reacción de Leo no se hizo esperar. Leo le reprochó:

--¡Señor, siéntese! ¿Cuál es su problema? ¿Usted quiere que nos apresen?

El hecho pronto sumergió al grupo en la cavilación de si era buena o mala la idea de pedir socorro. Leo tenía, como todos allí, los ojos profundos. Y cuando intentó ponerse de pie, sus rodillas vacilaron en soportar el peso de su cuerpo huesudo. Débil y demacrado, el hombre no cedía. Nos dijo:

--Ya hemos pasado lo más difícil y el mar está calmándose. Lleguemos hasta el final.  Puerto Rico está muy cerca.  Si alguien nos rescata aquí, nos tendrá que entregar a las autoridades: todo nuestro esfuerzo habrá sido en vano.

Algunos continuaron protestando. Uno de los hombres, del que afirmaban que era abogado, con aire de discurso, dijo:

--¡Es una insensatez esperar la muerte aquí! Ninguno de esos dos motores va a prender. Hace más de tres horas que estamos afanándonos con ellos y no enciende ni el uno ni el otro.

Pedro y Frank guardaron silencio, Leo, en cambio, siguió hablando. Apenas lo escuchábamos. Su voz salía ronca y muy baja, maltratada por el clima y por lo mucho que había hablado durante todo el trayecto, insistiendo en que la gente mantuviera el orden o en que sacara agua... Carente de la seguridad con que siempre había alentado a los viajeros, en tono débil expresó:

--Si no logramos encender ningún motor y vemos que es imposible, desde aquí será fácil pedir auxilio... es temprano y éste es un punto muy transitado por barcos y por botes de pescadores. Yo tengo muchos amigos que suelen venir a pescar por esta área, quien sabe aparezca uno y nos socorra.

Las opiniones estaban divididas, pero el capitán halló apoyo suficiente a lo que proponía. Todos deseábamos ser rescatados pero la mayoría creyó que valía la pena seguir perseverando. Frank, Pedro y Papín, en silencio continuaban bregando con los motores. Yo consideraba que cualquier cosa sería una salida. No me agradaba la idea de caer preso y ser devuelto a Santo Domingo; pero mi mente me traicionaba, pues sentía más hambre que mi estómago. En una ilusión casi real, imaginaba que en cualquier barco que nos socorriera me iban a servir la comida anhelada: veía claramente ante mí un gran plato de arroz blanco, frijoles guisados, carne de pollo frita, unos tostones de plátanos verdes y un gran vaso de leche. Pero volvía de mis quimeras y tan sólo me hallaba sacando agua.

# CAPITULO 13

## *Lo inesperado en un islote*

Voces de júbilo hubo a las doce y treinta de la tarde. El motor, tal vez ya seco por el candente sol, hizo amagos de encender.

--¡'tal prender! --celebraban algunos y aprobábamos otros. Y, ciertamente, después de arrancar y apagarse repetidas veces, el pequeño motor tomó sonido firme en medio de la algarabía de todos. Entonces, con su voz lastimada, pero muy emocionado, Leo vociferó:

--¡Yo se lo dije a ustedes que ese motorcito "era el diablo"!

Estábamos sorprendidos de que en casi cinco horas que estuvimos a la deriva no se presentara nadie a rescatarnos o apresarnos. Pero, a buen rato de navegar hacia Desecheo, la aparición de un helicóptero en el área nos puso en tensión. El artefacto aéreo comenzó a circundar la isla mientras, muy distante, a nuestra derecha y a nuestra izquierda, dos grandes barcos navegaban hacia el oeste.

--Deben de habernos visto desde ese helicóptero --especuló

un compañero.

--Es imposible que nos hayan visto --afirmó otro.

--¿Y serán guardacostas? --inquirió una mujer. Pedro afirmó:

--Si fueran ellos ya hubieran bajado. Yo oí decir que en esa isla están criando leones y tigres y que un helicóptero los viene a inspeccionar y a dejarles alimento. También supe que están tratando de aminorar una gran cantidad de monos que hay, porque están acabando con los huevos de algunas aves y fastidiándoles la vida a otros animales qué sólo viven en esa islita.

--De todas formas --dijo Leo--, debemos hallar donde escondernos. Si notificaron a los guardacostas, dentro de poco tiempo estarán buscándonos.

Finalmente, el helicóptero dejó de sobrevolar el área al descender en la cima del islote. Y, para entonces, llegar a Desecheo se volvía cada vez más alcanzable. Lentamente, veíamos agrandarse nuevamente lo que había sido tan sólo un punto emergido del mar. Ya apreciábamos mejor el rocoso lugar, su altura escarpada y su escasa vegetación. Más cerca aún, y fue posible ver algunos patos, pelícanos y gaviotas que se asentaban o emprendían el vuelo. Y, de pronto, uno de nuestros compañeros descubrió algo muy novedoso en un punto de la isla.

--¡Miren allá! --dijo apresurado--; ¡en aquel sitio hay alguien!

Todos nos esforzamos hasta ver lo que nuestro compañero señalaba y que resultó algo parecido a una estatua subida en una gran roca.

--Debe ser un espantapájaros --exclamó otro hombre. Pero todo el mundo dudó que lo fuera cuando vimos que se cambió de lugar.

--Tal vez sea un mono. ¿No dijeron que hay muchísimos monos allá? -- comentó un jovenzuelo de apenas diecisiete años de edad.

--¡Esa es gente! --enfatizó otro compañero cuando notamos que otra figura se acercó a la primera, que por volver a estar inmóvil parecía una estatua.

Al poco rato uno de ellos empezó a hacer señas.

--Parece que nos están llamando --insistió Ana en tono débil.

Hubo un minuto de expectativa y silencio. Todos los ojos miraban atentos en una sola dirección. Entonces uno de los viajeros dijo:

--Es cierto es gente, sin duda dos hombres. El que parecía espantapájaros está haciendo señas para que vayamos allá.

Otro de nuestros compañeros dijo:

--No debemos hacerles caso. Deben ser de la Guardia Costera, porque ¿qué otra cosa pueden hacer esos hombres en esa isla deshabitada?

--Tú tienes razón --dijo Leo, a la vez que comenzó a dirigir la embarcación hacia el sur, para alejarse. En la isla, el hombre continuaba haciendo señas. En la yola se tornó una disputa entre quienes creíamos que debíamos llegar a la isla y los que opinaban que no era conveniente hacerlo. Leo detuvo la yola y desconfiando advirtió:

--Esa gente puede apresarnos o con algún radio llamar para que nos vengan a detener.

Pero la mayoría queríamos acercarnos. Pedro y Frank insistieron en que se maniobrara la yola hacia el lugar donde se encontraban los hombres. Pedro todavía lucía fuerte, parecía haber sufrido menos que los demás. La sal reseca le daba un tono cenizo a su negra piel. Aunque había hablado poco durante el trayecto, fue el que se opuso más abiertamente a Leo. Pedro sentenció ásperamente:

--Si esos hombres hubieran querido denunciarnos, no nos estuvieran llamando. Tal vez sólo quieren ayudarnos. Y en caso contrario, apenas son dos; aunque estén armados, no van a poder controlar a toda esta gente...

Para terminar, con gran determinación, Pedro dijo:

--¡Vamos pa'llá! Podrán matar a dos o a tres de nosotros,

pero los demás les arrancaremos las cabezas si hay que arrancárselas.

--¡Así se habla! --aprobó La Fiera entusiasmado.

Entonces, Leo, con muy poco optimismo, dejó el timón a Frank, que le había estado pidiendo que le dejara maniobrar la yola. Al poco rato, nos arrimábamos a la isla, despacio y cuidando, con los remos, de que no se destrozara la embarcación contra uno de los tantos arrecifes que sobresalían del agua. Dejamos de ver a los hombres según nos acercábamos a la orilla porque la inclinación del terreno nos lo impedía. Y, por fin, a las tres de la tarde, la embarcación atracó en la ribera. Desde allí, el terreno comenzaba a ascender. A poco trecho, había una plataforma donde los dos hombres esperaban. Diez de los viajeros más robustos, entre ellos, Pedro y La Fiera se desmontaron de la embarcación y subieron un buen trecho para acercarse a los hombres.

Yo permanecí en la embarcación junto a Leo, y los demás. Me resultaba muy difícil mantenerme en pie a causa de la debilidad que sentía en todo el cuerpo. No alcanzamos a oír lo que los hombres dijeron a los viajantes que fueron a su encuentro; y éstos no alcanzaron a entenderlo. Uno volvió a la embarcación y entre desalentado y emocionado dijo:

--No les entendemos. Lo que hablan es inglés; pero parecen gente buena.

Leo no perdió un segundo. Pareció que el problema también

le había traído la solución; apresuradamente puso sus ojos en mí y me dijo:

--¡Oh rentcar, ve tú!

Algunos me ayudaron a salir de la embarcación que permanecía arrimada a las rocas. Fue esa una de las ocasiones en que sentí más intensamente el dolor de mi pie. Lo miré; estaba hinchado hasta el empeine. Leo y casi todos los demás también se desmontaban y se dirigían al lugar donde estaban los hombres de habla inglesa. Yo, dando tumbos, traté de llegar hasta ellos que, aunque no entendieron el español de los viajantes, habían comprendido que se estaban muriendo de hambre y, para conseguirles víveres, se movieron cincuenta metros al norte, a donde tenían una tienda de campaña.

Hallé a los compañeros empezando a bregar con los alimentos. Mientras tanto, Germán, que había llegado poco antes que yo, con voz afónica, hablaba con el más alto de los extraños. Era de piel rubia bronceada al sol, de unos seis pies de altura. Debía pesar ciento ochenta libras, distribuidas equitativamente en su sólido cuerpo. Este hombre atlético me acordó a mi tío Manuel que vivía en Santurce y a cuya casa yo intentaba llegar. Mi tío también es un hombre alto y fuerte cuyo cuerpo testimonia que él ha dedicado gran parte de su vida al deporte. Al otro hombre apenas lo miré ya que parecía mudo; no decía ni media palabra y se quedaba como un idiota mirando a la gente. Era más bajo y rechoncho. El cabello de ambos hombres parecía pelusa de maíz tierno. Los dos debían andar en los cuarenta años de edad.

Los viajeros habían improvisado una ronda. Tres compañeros repartían frutas enlatadas y pan. A cada uno, nos tocó una rebanadita de pan, dos de piña, dos de melocotón y un poco de frutas mixtas. El agua sólo alcanzó para unos cuantos. Y la sed continuó mortificándome.

Sólo yo entendía lo que Germán hablaba con el hombre. Al principio, me limité a escuchar, luego, haciendo una que otra pregunta, me involucré en la conversación. En el rostro de aquel hombre se dibujaba tal compasión por nosotros que me hizo sentir lástima por nosotros mismos. Las mujeres y la mayoría de los hombres parecíamos estropajos deteriorados. Sin contar a quienes, aún más maltratados, quedaron en la yola. El hombre continuó hablando sensiblemente. Y, seguido por Germán y por mí, descendió unos escasos pasos hasta un lugar desde donde podía verse la orilla del mar. Buscó con la vista, y después de unos instantes señaló con un dedo y nos dijo:

--¡Miren allá abajo por ahí y por allá…! --apuntaba a donde las olas seguían golpeando. Fue fácil descubrir que señalaba: tablas, restos de naves náufragas que, a la orilla de la rocosa isla, flotaban movidas por el incesante vaivén de las olas. Entonces nos dijo lo que ya habíamos comprendido:

--Esos son los pedazos de muchas de las embarcaciones que vienen del país de ustedes. Sus ocupantes no tuvieron, como ustedes, la suerte de llegar vivos hasta aquí.

Yo quise justificar nuestra osadía. Pero el hombre me interrumpió:

--No me extraña que ustedes arriesguen sus vidas de esta forma. Nosotros somos biólogos que trabajamos para el gobierno de los Estados Unidos. Estamos estudiando la vida silvestre de esta isla, pero yo he ido con propósitos profesionales al zoológico de Santo Domingo y en mi segundo viaje, hace sólo un año, noté cuan creciente es la miseria de aquel barrio (el de Cristo Rey); en ese lugar, los niños y los hombres me abordaban para pedirme limosnas o para venderme algo. También me impresionaron grandemente las paupérrimas casitas en las que vive la gente en toda esa área.

Germán y yo traducíamos al español las palabras del hombre, mientras casi todos nuestros compañeros descansaban sentados bajo el muy ardiente sol. Pero hubo un momento en que Leo, con gran esfuerzo, se puso de pie e interrumpió nuestra traducción, al decir:

--Denles las gracias y díganles que tenemos que seguir.

Dimos el mensaje de Leo, pero el hombre, como si no hubiese escuchado, dijo:

--Esta isla tiene gran cantidad de chivos silvestres. Escóndanse por ahí. Cazaremos un chivo y lo asaremos para que sacien su hambre.

Hicimos saber a Leo las palabras del hombre, pero, sin vacilar, rotundamente dijo:

--¡No! Díganles que gracias, que nosotros debemos continuar nuestro viaje.

Rechazó tajantemente la oferta, aunque era más que tentadora y a pesar de que muchos insistieron en que la aceptara. Pero Leo se notaba inquieto y desconfiado; miraba en toda dirección, como un venado asustado. Debía entender que la situación lo ponía en un gran aprieto; era obvio que se le consultaba y que la orden de qué hacer debía provenir de él. Yo en cambio, sentía confianza en los hombres y pensé que si Leo hubiera sabido inglés no se hubiese apresurado tanto y hubiera aceptado que cazaran y asaran el chivo ofrecido. Por otra parte, el parlante de los dos hombres, ante la negativa de recibir su ofrecimiento, nos dijo:

--Les rogamos no hablar de este incidente. No debemos ayudar a gente que intente entrar ilegalmente a territorio de los Estados Unidos. Pero desde temprano, con los anteojos, vimos que ustedes tenían problemas y que luego trataban de acercarse a esta islita y sospechando de qué se trataba, quisimos socorrerlos.

--Muchas gracias, les agradecemos mucho su gesto tan misericordioso --dijo el ex síndico y volvió a recordarles que debíamos irnos. Ya Leo y los demás se disponían a regresar a la yola.

--¡Tengan buena suerte y que logren abrirse paso! --fueron las últimas palabras del hombre.

Al marcharnos, muchos viajeros, en un inglés chapurreado, expresaron fervientes: "thank you" a los hombres. Y al cabo de unos minutos, la repleta yola despegaba de la orilla. Los organizadores, sin embargo, no tenían la intención de seguir para Puerto Rico en esos precisos momentos. Leo, en cambio, comenzó a navegar por la orilla, circundando la rocosa isla. Después de unos minutos murmuró:

--Debemos hallar albergue que nos permita esconder la yola y descansar mientras llega la noche. Con la oscuridad llegaremos a Puerto Rico con menos riesgo de ser apresados.

Aunque aún sedientos y hambrientos, también estábamos animados. Ya Puerto Rico no estaba muy lejos, a la distancia, el sol se hacía plata en las verdes alturas de Aguada y Rincón.

Después de media vuelta a la isla, divisamos un sitio adecuado para guarecernos y ocultar la embarcación. Era una cueva de gran tamaño; atracamos a su entrada. Pedro dijo:

--Tenemos que meter la yola en esta cueva para que no la puedan ver desde afuera.

Con gran trabajo, arrastraron la yola unos cuantos metros sobre la arena y entre las rocas hasta meterla por completo en la gran cueva. Algunos nos quedamos cerca de la yola. Otros buscaron lugares más íntimos y oscuros dentro de la caverna. Nos dejamos caer sobre la umbrosa arena como soldados heridos, abandonados en el campo de batalla. Yo tenía los ojos adoloridos por los sueños atrasados, por la anemia y por el agotamiento. Creí que sería muy fácil dormirme y descansar y me dispuse a tomar el tan merecido reposo. Sin embargo, pasaban los minutos y, aunque trataba, no lograba dormir. Ninguna posición, ningún esfuerzo me ayudaba a conciliar el sueño. Mis empeños por dormirme agotaron más mi molido cuerpo.

Después de más de dos horas de batallar con todas clases de ansiedades y de pensamientos inoportunos, me levanté de la arena color crema y comencé a mirar la yola que estaba boca arriba. No me resultaba fácil concentrar la vista en un punto fijo ya que seguía viendo estelas luminosas, mi cabeza me daba vueltas y, ocasionalmente, perdía la visión o percibía que todo el espacio frente a mí se movía frente a mí como meciéndose, en la misma forma en que la yola lo había estado haciendo durante las treinta y seis horas que pasamos en el mar. A veces me sentía como si fuera una partícula minúscula suspendida en el aire o movida dentro de un cedazo. Sin poder dormirme y con todos los males que me aquejaban, comencé a escudriñar la yola. Y comprobé que, en varios lugares, había perdido toda la brea con que la habían calafateado. Saqué un destornillador plano del bulto de herramientas de los mecánicos, rompí alguna ropa que hallé en la cueva, y, martillando con una piedra, comencé a meterle tela a presión donde se notaba que podía entrar el agua. El martilleo perturbó a algunos que dormían o intentaban dormir.  Pedro desde un rincón oscuro de la cueva gritó:

--¡Coño deja esa vaina! ¡La vas a joder más de lo que está!

Hice poco caso a sus palabras; continué en el asunto hasta que estuve conforme. Mis empeños por reparar la yola también incentivaron a otros. Se levantaron e intentaron encender el motor más grande, qué aún no había podido usarse.

# CAPITULO 14

## *Arribo a playa puertorriqueña*

A las ocho de la noche, cinco horas después de llegar a Desecheo, la yola fue puesta sobre el agua nuevamente. El mar tenía entonces una serenidad irónica. Por otra parte, los tarugos de tela con que reparé la yola limitaron la cantidad de agua que le penetraba. El mar no era ya nuestro gran peligro. Ahora, debíamos llegar a tierra sin ser vistos por los guardacostas o por alguien que, al vernos desde tierra firme, diera la voz de alarma. Esa era la expectativa; ese era el temor. Pero las alegrantes y cada vez más cercanas luces puertorriqueñas nos hacían confiar que todo iba viento en popa.

A casi tres horas de reiniciar la navegación, para hacer menos ruido, tornamos a la velocidad mínima del pequeño motor. Había gran alegría, gran tensión y un grado extremo de alerta. Pedro iba al timón; Leo le daba algunas instrucciones. Debía dejar Mayagüez a la izquierda y continuar navegando al sureste, hacia Cabo rojo. Esa área, más lejana y menos habitada era el destino final de nuestra yola. Sólo las luces rotatorias de un barco se distinguían en esa dirección. Pero eran luces muy distantes, no representaban peligro.

--¡Por fin vamos a llegar! --comentó una de las mujeres.

--¡Ya esto es Puerto Rico! --dijo Ana, que había dicho poco en el transcurso del viaje, pero que al igual que otros, volvió ahora a hacer notar su presencia. La muchacha sugirió:

--Señores, todavía no sabemos con exactitud cuántos somos. ¡Contémonos!

Y comenzamos a contarnos y después de algunos recuentos, estuvimos de acuerdo en que, incluyendo a los tres organizadores, éramos exactamente sesenta y siete personas: veintiocho mujeres y treinta y nueve hombres. Después de contarnos, Ana proclamó:

--A quienes logran venir a Puerto Rico con las dificultades y los riesgos con que lo hemos hecho nosotros deberían recibirlos con medallas de honor y darles todo lo que necesiten.

Reímos. Y entonces, el viajero abogado, un hombre de unos treinta años, aprobando las palabras de Ana añadió:

--¡Así debería ser! Y sin olvidarse de entregar certificados honoríficos que acrediten a muchos de los viajantes como: "Sacadores de Agua Profesionales."

Después de más de cinco horas de lenta navegación, el mar continuaba sereno y la tierra se acercaba. Muchos comenzaron a hablar de sus planes. Un hombre le reiteró a un jovenzuelo:

--¡Ramoncito, cuando lleguemos, no te despegues de mí y para donde yo coja, tú vas!

Al oír tal cosa, Leo aprovechó para recalcar:

--Recuerden, ¡que nadie se separe del grupo! Debemos mantenernos juntos hasta el final. Este no es un viaje en qué al llegar a tierra todo el mundo coge por su lado.

Contadas viviendas se distinguían en la orilla, pero no se percibía movimiento de gente. Más al sur, se veían arbustos amontonados que se disputaban el terreno. De entre esos árboles los cocoteros sobresalían por su altura. Según nos acercábamos veíamos mejor el lugar y nuestra gran convicción de que el peligro había pasado siguió vigente hasta que un compañero dio la voz de alarma:

--¡Miren allá! --dijo con voz asustada.

Entonces pudimos ver la figura de una persona que, subida sobre un muro acantilado, nos había descubierto. Pedro inclinó levemente la embarcación hacia el sur. Pero aquel tipo se apeó y comenzó a correr por la orilla en dirección a la yola. Después se detuvo y, alzando las manos, comenzó a hacer señas como las que hacen los empleados de tráfico aéreo. Entonces los organizadores supieron que se trataba de alguien conocido y que no había razón para temer.

Nos enrumbábamos para atracar a la orilla de un lugar arenoso y rocoso, justamente en la margen norte donde un río entregaba sus aguas al mar. Cuando estuvimos muy cerca de la orilla, la yola se detuvo y emocionados comenzamos a desmontarnos. El agua nos daba en la cintura. Yo tenía el pie sumamente adolorido e hinchado y no percibía mis adormecidas nalgas. Sentía todo mi cuerpo débil, desmadejado y encogido. Frank y Pedro ayudaron a algunas mujeres a llegar hasta la orilla. Dos hombres sacaron de la yola a una mujer muy flaca, que parecía estar muerta.

--¿Está muerta? --les pregunté.

--¡No! Pero casi lo está. Se hartó de agua y de mierda rodando en la embarcación.

--¡Hundan esa maldita yola! --ordenó el capitán--, no sea que por ella nos descubran; además, yo no vuelvo a viajar en ella.

Seis u ocho compañeros ladearon el bote qué al penetrarle el agua, se hundió fácilmente. Pocos instantes después, llegó quien nos había estado haciendo señas desde tierra. Era un joven puertorriqueño de rasgos indígenas.

--¡Qué suerte que llegaron! --nos felicitó--. Lo único malo es que los tipos que desde anteayer los estaban esperando con transporte se cansaron de esperar y se fueron anoche. Creyeron que ustedes se habían ahogado por ahí. Ellos esperaron dos días y anoche arrancaron y se fueron por ahí pa' bajo.

Antes de que nos pusiéramos en camino, el joven, ayudado

por algunos, metió los motores y los tanques entre los arbustos. Entonces, finalmente, tornamos nuestra espalda al mar. Tomamos un camino poco transitado y que se internaba entre la maleza. Frank y el joven boricua habían tomado la delantera, seguidos por el grupo que, al ir andando, vio aumentar el espesor y la altura de la vegetación compuesta mayormente por arbustos, manglares y cocoteros. Se formaba un lodazal al paso de tantos pies. Muchos caían por la debilidad y a causa del camino resbaloso. Yo había sacado mi pequeña mochila de la yola y, aunque en ella no cargaba gran cosa, me pesaba mucho. Y la ropa puesta me picaba en la piel y me causaba frío. Decidí entones que sólo iba a cargar los tenis y arrojé la mochila a un lado del camino, entre los matorrales.

"Ya estoy en Puerto Rico --se me ocurrió pensar--. Aquí la ropa es barata y, si trabajo, voy a ganar muchísimos dólares".

Sentía mi cuerpo abatido. A menudo, debía avivar el paso y agarrarme de cualquier arbusto para no caerme. La ropa mojada aumentaba mi frío; las ramas me lastimaban y a cada paso la tierra arenosa molestaba mi pie herido. A veinte minutos de caminar, ya a quinientos metros, bosque adentro, nos detuvimos cerca del rio, bajo árboles que cubrían completamente el cielo.

--Esperen aquí --dijo Leo--. Hay que conseguir transporte.

Muchos pretendimos seguirle, pues iba a la casa del joven puertorriqueño.

--¡Les dije que esperen aquí! --enfatizó Leo--. La gente de

este lugar siempre está a la expectativa y si sospecha de nuestra presencia, no van a callar la noticia. Evitemos un operativo para buscarnos.

Leo partió entonces con el puertorriqueño y con Frank y llevaron con ellos a Ana y a la joven que estaba como muerta. También les acompaño Germán el ex síndico, que también se veía muy desmejorado. Los demás nos echamos en el suelo mojado y nos dispusimos a descansar. Yo me recosté junto a Papín, cerca del tronco de un árbol. Acondicionamos un poco el piso con alguna de la ropa que hallamos en el lugar.

--¡Estos malditos mosquitos nos van a acabar de matar! --dijo una mujer, mientras los combatía a manotazos.

--¡Diablo, sí! Vienen a atacarnos en enjambre --exclamó un hombre.

Papín, que se defendía de los insectos con un trapo, dijo:

--Raúl, yo nunca había estado en un lugar con tantos mosquitos ni tantas hormigas. Porque este suelo está cundido de hormigas. ¡Y lo duro que pican las condenadas!

Yo no pude dormir a causa de los insectos y de las tensiones. Maté hormigas y mosquitos hasta que vi el día. Con la claridad, pudimos apreciar que no habíamos sido los primeros en llegar a ese lugar. Veíamos prendas de vestir por todos lados.

--El que quiera cambiarse de ropa sólo tiene que buscar algo que le sirva --vociferó una de las mujeres.

Había zapatos, pantalones, camisas, sostenes… rodando por cualquier lugar. A las nueve de la mañana, extendí al sol un pantalón de tela fina, porque el Jean que tenía puesto aún estaba mojado y me fastidiaba. Papín también halló algo más cómodo que lo que tenía puesto.

A las diez y treinta de la mañana regresó el puertorriqueño y nos trajo algunas bolsas de pan fresco, jamón y algunos galones de jugo de naranja de pésima calidad. En poco tiempo engullimos los alimentos. Mientras tanto, la gente preguntaba por Augusto y por el transporte. El puertorriqueño nos informó:

--Su capitán llamó a Santurce, pero no pudo localizar a quienes debían recogerlos. Tampoco pudo comunicarse con ninguna persona de confianza para trasladarlos hasta allá. Él descansó un par de horas y entonces salió para Santurce en busca de alguien confiable para llevarlos a la Capital.

Antes de marcharse nuevamente, el puertorriqueño agregó:

--Manténganse en este sitio para que no los vean. Su capitán pronto regresará a buscarlos.

Se rascó la cabeza y añadió:

--Debo irme. Tengo otras cosas qué hacer.

Partió perdiéndose de vista entre los arbustos.

Después de haber comido, estábamos más animados. Algunos hacían pequeños grupos alrededor del tronco de algún árbol. Y en cualquier lugar se oían cuentos, planes y chistes. Yo me sentía apaleado. Estiré el cuerpo, bostecé y dije a mi amigo:

--Papín, vea usted, me siento tan débil que si los guardias vinieran a atraparnos, no haría siquiera un leve esfuerzo por escaparme.

--Yo me siento igual, Raúl; pero a la hora de la verdad, al menos intentaré esconderme...

Un joven que no había perdido el sentido del humor gritó:

--Pedro, ¿qué te pasa? Estas tan apagado.

Pedro que estaba sentado en el suelo, alzó la cabeza y con rostro muy serio y demacrado sólo comentó:

--¡Qué pregunta!

En eso otro joven le gritó:

--¡Pedro, dile que piensas en tu puertorriqueña hermosa, en adueñarte de todos sus encantos!

Con áspera voz, Pedro en cambio dijo:

--Como yo estoy ahora, no le haría ni porra ni a ella, ni a la princesa de Mónaco.

La gente siguió hablando tonterías, mientras tanto, La Fiera, abrazando un árbol caído, roncaba como un marrano. Y, con quemaduras de sol y de la sal reseca, a todos se nos notaba gran maltrato; algunos mudaran la piel como culebra. Y, después del medio día, sentíamos más sed que hambre. Sobre la tardanza de Leo, un joven conjeturó:

--¡Ese hombre debe de estar durmiendo todavía.

Hacía calor y el candente sol se colaba por entre las ramas de los árboles haciendo subir la temperatura más y más. Mi cuerpo debía percibía el calor exageradamente: nunca antes de éste hubo día tan asfixiante y con un aire tan recargado. El calor y la sed aumentaban la debilidad crónica que me obligaba a mantenerme en el suelo. Me dolía mi reseca garganta, mientras mi pie hinchado no paraba de palpitar. La sed me quemaba, me reducía a nada; se había trasladado a algún lugar de mí y me reclamaba por agua, sólo por agua. El agua del río era imbebible, tan salada como la del mar mismo. Mis compañeros se quejaban también de la sed, pero yo creía que tenía más sed que todos ellos. Cargar un tenis puesto me pesaba y en el otro no podía meter mi adolorido e hinchado pie y, descalzo, cayéndome y levantándome, fui por un camino que transitaba a la orilla del mar. Caminaba yo medio loco de sed y con la vista obscurecida. Y así proseguí, sin ver vivienda, por un sendero estrecho y pantanoso hasta hallar abundantes cocoteros. Y, bajo un cocotero, encontré jícaras que contenían algún poco de agua negra y tomé una jícara y con un sorbo de agua me mojé la dolida garganta. Entonces, algo animado, continué caminando en busca de agua. Más adelante, llegué a una estrecha carretera de caliche y caminé por ella hasta encontrar un charquito de agua turbia que el sol no había bebido por completo. Me eché al suelo y, como un perro sediento, lamí el agua salobre hasta que me harté. Mi sed no se apagó del todo; pero volví al encuentro de mis compañeros qué había dejado a casi un kilómetro de distancia. Llegué cuando la gente distribuía galones con agua limpia y fresca que el jíbaro puertorriqueño nos había traído. Bebí una y otra vez.

# CAPITULO 15

## *Llegada a San Juan*

Y, a las cinco de la tarde, con gran júbilo recibimos a Leo que llegó al bosque con la gran noticia de que ya teníamos transporte. El capitán contento y algo repuesto del viaje nos dijo:

--Vengan por aquí.

Y, a diez minutos de camino, hallamos una camioneta con capota trasera y un minibús que esperaban al comienzo de la carreterita de caliche a donde horas antes yo había llegado en busca de agua. Antes de que abordáramos, cobraron el dinero del pasaje. Algunos viajantes nos comprometimos a pagar una parte o el total del precio del transporte al llegar a nuestro destino. Según pagaban, los viajantes se iban metiendo en los dos vehículos. Yo les di quince dólares que era todo el dinero que me quedaba. Leo garantizó que yo pagaría el resto al llegar a Santurce. Entré en la camioneta junto a muchos otros. A los pocos minutos de iniciada la marcha, nos metimos a una carretera principal. Al principio, hice gran esfuerzo y logré ver a través de los cristales ahumados un panorama de pocas viviendas y árboles de baja estatura y de exuberante verdor; también pude ver algunas instalaciones industriales. El paisaje exótico nos confirmaba que estábamos en tierra extranjera, por fin en Puerto Rico.

--Señores, ¡qué emoción tengo! –Dijo una mujer--. Aunque tengo el cuerpo desbaratado y con esta incomodidad en que vamos aquí, de aquí a que lleguemos no me quedará un hueso entero.

--Lo importante es que llegamos vivos y que ya salimos de ese maldito monte --atajó un viajante.

--Si nos detienen por el camino, van a saber de dónde venimos --dijo otro al tiempo que aludía a lo quemados que estábamos y a la sal reseca en nuestros cuerpos. Todos estuvimos de acuerdo con él y, entonces La Fiera me señaló y dijo:

--A ese tienen que ponerle suero y ponerlo a comer como a caballo que se suelta en la sabana, a ver si así no se acaba de morir.

Muchos rieron. Yo, en cambio, no hallé gracia alguna en lo que dijo. Sin embargo, La Fiera debía tener razón. Pues yo me sentía más muerto que vivo. Llegué incluso a alucinar que era un caballo al que soltaban en un muy verde con una laguna de agua dulce y fresca en medio y que tenía la libertad de comer, comer y comer y de beber y beber agua, mucha, mucha agua.

--Señores, a trabajar fuerte ahora --recomendó la más vieja-- para que hayan valido la pena todos los trabajos que pasamos para llegar aquí. Ayudemos a nuestras familias para que no tengan que hacer un viaje como el nuestro.

Uno que había sido repatriado dijo entonces:

--Que nadie se llame a engaño, vamos a seguir jodidos. Dispongámonos ahora a lavar sanitarios, a limpiar pisos y a hacer cualquier mierda que aparezca, aunque nunca la hiciéramos en nuestro país. De ahora en adelante, será cosa de sobrevivir, de mejorar nuestra situación trabajando en lo que aparezca, pero que sea honrado...

La Fiera entonces proclamó:

--Mi gente, esos de seguir jodido no va conmigo. Este que está aquí va pa' Nueva York a bregar fuerte, a buscarme los dólares como sea. Conseguiré muchos dólares aunque tenga que descojonar a unos cuantos.

--A ti te van a traer peinado y empolvado en un ataúd –anunció una compañera.

La Fiera sonrió y murmuró:

--¡Lo dudo, mi hermana, lo dudo!

Llegamos a Ponce y nos separamos de los primeros tres compañeros, qué nos desearon suerte al quedarse en casa de unos amigos. De inmediato retomamos la imponente autopista y tres horas más tarde, a las ocho de la noche, entrábamos a San

Juan. Estaba poblado de muchas luces y con calles abarrotadas de vehículos. Yo me sentía impresionado, contento y asustado a la vez. El chofer comenzó a distribuir a los viajantes a domicilio por los distintos barrios de Santurce. Leo fue por su lado repartiendo a los que traía consigo en el minibús. Yo no lo volvería a ver más.

En Barrio obrero se desmontó la mayor parte de mis compañeros. Ese también era mi destino. Pero después de muchas vueltas no llegábamos a la casa de mi tío. Desesperado le reclamé al chofer que me llevara. Se desmontó en una esquina y preguntó por la dirección, pero nadie supo decirle en donde estaba la calle. Al volver me dijo:

--Tú debes estar confundido; yo soy de este barrio y nunca he oído mencionar la tal avenida J. Pero llevaré a la gente de Río Piedras primero y después buscaremos tu dirección con más calma.

--Mejor llama por teléfono y averigua dónde está el lugar --insistí, sintiéndome morir de agotamiento, hambre y sed. Le di el número telefónico, que sabía de memoria. Se desmontó en una esquina y después de llamar desde un teléfono público, me dijo:

--Ya sé dónde es. Es una callecita cortita y hace rato que pasamos cerca de ella. De todas formas, llegaremos primero a Río Piedras y al regresar te dejaré en la Avenida J.

En Río Piedras, distribuyó al resto de los viajantes exceptuando a Papín y a mí. Papín aún estaba en el vehículo porque tenía un problema del que se había dado cuenta en el bosque cuando, habiendo rebuscado sus bolsillos, sólo halló los restos destrozados e ilegibles del papel en que había anotado la dirección a la cual se dirigía. A media tarde, me había dicho:

--Raúl, Al parecer llegaremos de noche a Santurce y yo necesitaré un gran favor, precisaré que su tío me deje pasar la noche en su casa. Debo averiguar la dirección del taller de mecánica; pero si llegamos de noche asumo que el taller estará cerrado.

El chofer llegó finalmente al lugar donde yo me quedaba, una calle corta y tranquila. Y, en el pórtico de una casa blanca de madera, vi la figura atlética de mi tío Manuel que espiaba la calle. Me desmonté y apenas podía sostenerme en pie. Oía murmullos como de abejas que zumbaban, estaba atontado, como borracho. Mi tío abrió una portezuela de alambre que daba a la calle y cuando salió, fui a su encuentro buscando sus brazos como niño que aprende a caminar y que aviva el paso para prenderse de algo y no caer.

--¡Santo Dios! Si estás casi muerto, sobrino.

--No quiera usted saber lo que hemos pasado --dije sin aliento y aun agarrado a él. Mientras tanto, el chofer impaciente esperaba que Papín se desmontara y que le pagaran su dinero. Debía apresurarme y dije:

--Tío, perdone, pero traigo dos problemas que hay que resolver: he quedado debiendo treinta y cinco dólares al chofer por el viaje desde Cabo Rojo.

--¿Y cuánto te cobró? --interrumpió.

--Cincuenta dólares en total.

--¡Es un robo! De haber tenido la información, te hubiera ido a buscar yo mismo.

Se acercó entonces al chofer y después de regatear insistentemente, le pidió que esperara. Papín entonces aprovechó y me susurró:

--¡Raúl, hable a su tío! Es tan sólo por esta noche.
Ya desmontado y prendido a la camioneta, Papín parecía un huérfano náufrago y hambriento. Su camisa descolorida, su cabello despeinado, la creciente barba y el tono triste y asustado de su mirada acentuaban esa apariencia. Entonces, aunque exhausto fui detrás de mi tío qué había entrado a la casa a buscar el dinero. De pie en la sala, en pocas palabras, le explique el otro problema. Volvió a salir a la calle, y desde el pórtico le perseguí con la mirada y pude ver que dio el dinero al chofer y que trajo a Papín consigo. Entramos a la sala y me dejé caer sobre uno de los sillones y Papín enseguida se sentó en otro. Mi tío en tanto se metió a la cocina. Y dijo:

--Si hubiera sabido que ese viaje iba a ser así, por nada del mundo hubiera dejado que te metieras en eso, sobrino.

--¡Cristiano usted no sabe nada! --Atajó Papín, que parecía

un monigote de trapo echado en el sofá.

En poco tiempo mi tío retornó a la mesa con una gran sopera en que trajo manzanas, uvas y naranjas recién lavadas. Al poner las frutas sobre la mesa dijo:

--¡Cocinaré ahora mismo, mientras tanto vayan comiendo!

Desesperado y nervioso empecé a morder una manzana. Papín hizo lo mismo. Yo dije:

--Tío, tráiganos agua, por favor.

Entonces trajo a la mesa dos vasos y un jarrón lleno de agua fría, y regresó a la cocina. Le pregunté:

--¿Y Nereida?

Él explicó:

--Se encerró en su habitación. Disculpa, es que se ha puesto muy nerviosa con la situación.

--Pero está bien, ¿verdad?

--Sí. Sólo muy nerviosa desde que recibimos la llamada sobre tu llegada.

Mi tío dejó el caldero en la estufa y entró a una de las dos habitaciones y me trajo ropa de la que yo había enviado desde

Santo Domingo y además le extendió algo de vestir a mi compañero. Y apuntando una puerta dijo:

--Ahí está el baño. Aprovechen en lo que está la comida.

Dejé a mi tío y a Papín conversando y me encerré en el cuarto de baño. Miré mi rostro al espejo y descubrí que la piel de la cara se descascaraba y que, como la del resto del cuerpo, estaba extra reseca y maltratada por las ramas y por picaduras de insectos. Observé entonces mis ojos enclavados en dos cuevas y mis mandíbulas chupadas como si yo no tuviera dientes. Y me acorde entonces de las burlas que entre La Fiera y otros me hicieron en el camino. Mi cabello parecía un montón de paja, mi barba creciente y el olor de mis axilas indicaban descuido, enfermedad.

"Parezco un tísico, pensé, un esqueleto andante arropado en pellejo. Además, este estómago no deja de fastidiarme y este pie... debo hacerme curar."

Me bañé y me vestí. El pantalón, por supuesto, me quedó ancho y para que me apretara, junté con una tira los dos breteles del frente. Después habría de hacerle un hoyo adicional a mi correa de cuero de res. Al salir, Papín entonces entró a asearse, en tanto yo le mostré el pie lastimado a mi tío, qué desinfecto el área afectada y, con unas pinzas y unas agujas, extrajo las abundantes púas de erizo que tenía encarnadas. En cuanto cenamos, mi tío nos indicó la habitación en que mi compañero y yo dormiríamos.

--Deben descansar --dijo tío--. Mañana me cuentan más detalles del viaje.

Entramos al cuarto. Había una sola cama estrecha, un gran armario de madera sobre el cual descubrí la mochila que yo había enviado con ropa y libros desde Santo Domingo. Vi un viejo abanico con polvo y tela de araña enredado en las hélices y la cuna de Yajaira, la hija de mi tío y de Nereida, cuyo nombre es el mismo del de la hija de Papín.

--Esta es la habitación de Yajaira --dijo mi tío--, casi no la usa. Se pasa los fines de semanas con nosotros y no quiere dormir sola en este cuarto.

--¿Y dónde está la niña ahora? --pregunté

--La mamá de Nereida la cuida de lunes a sábado. Pues con el trabajo y los estudios nosotros...

A las diez de la noche nos acostamos. Y por primera vez en varios días dormí, aunque desperté varias veces sobresaltado por pesadillas en las que volvía a verme en grandes aprietos en las aguas del Mar Caribe. A las seis de la mañana, mi tío nos despertó:

--¿Cómo se sienten esos héroes? --casi gritó

--Mejor que ayer --respondí. Él me preguntó:

--¿Y tu pie?

--Parece menos hinchado, pero me duele más que ayer.

Mi amigo y yo nos habíamos incorporado, aunque mi tío insistió en que sólo se levantara uno a poner el petillo a la puerta del frente. En la sala, vi por fin a Nereida, lista para marcharse. Me saludó con un abrazó y un beso en la mejilla. Sonrió tímidamente y me dijo:

--¡Te estás muriendo!

Se desprendieron entonces unas lágrimas de sus ojos, no supe si por nervios o por la lástima que debió sentir al ver lo maltratado y flaco que yo estaba. Hablamos poco. Mi tío, en tanto llevó, a Papín a la cocina y le mostró las provisiones y los condimentos ya que había dicho que sabía cocinar. Cuando la pareja se encaminó al garaje, mi amigo y yo la acompañamos para despedirla. Nereida entonces dijo:

--Regresaremos tempranos. Los sábados no tenemos clases.

--Cuando yo regrese arreglamos tu asunto --prometió mi tío a Papín mientras el carro dejaba el garaje.

Mi compañero y yo entramos nuevamente a la casa y volvimos a acostarnos. Dormí hasta que él me despertó:

--¡Ya cociné, Raúl! ¡Venga para que coma!

--¿Qué hora es?

--Son las onces.  Usted durmió bien.

Me levanté y hallé sobre la mesa un suculento banquete de arroz, habichuela y chuletas de cerdo guisadas.  Después que comimos Papín volvió a acostarse; yo en cambio me asomé al pórtico a contemplar la calle.  Un aire manso y fresco movía los árboles. Yo sentía una paz inmensa y hasta me envolvía la sensación de haber obtenido la más grande de todas las victorias. Cuando entré nuevamente a la casa, saqué a la sala mi mochila y revisé mis libros y mis cuadernos y, en uno de mis cuadernos escribí:

"Sábado ocho de febrero, 1986.  Estoy en Puerto Rico, por fin.  Queda a noventa millas de la República Dominicana; pero las que anduvimos hasta aquí, me parecieron novecientas. Si se pudiera escribir un libro que resumiera todo lo que pasamos en nuestra travesía, sólo pálidamente podría reflejar todo el sufrimiento que soportamos mis compañeros y yo. Ahora estoy tan contento y, sin embargo, me pregunto: ¿Qué pasará con mi vida de ahora en adelante? ¿Cuándo podré continuar mi soñado viaje hacia Chicago?"

# CAPITULO 16

## *El destino de Papín*

A las dos y media de la tarde mi tío regresó del trabajo y me hallo viendo televisión mientras Papín aún dormía. Lo recibí con un abrazo y él, como cuando yo era un niño, me levantó por los codos y sonriendo me preguntó:

--¿Te sientes mejor, Pichocho?

--Estoy bien; pero con mucha sed. Por más agua que bebo, la sed no se me quita.

--Tardará unos días para quitársete –dijo-. Es por la deshidratación a que estuviste sometido durante el viaje.

Papín al oírnos hablar, se levantó. Mi tío lo felicitó por la espléndida comida que había cocinado; pero mi amigo, modestamente, negó que estuviera tan buena. Después de que contamos algunos detalles del viaje a mi tío, Papín le dijo:

--Manuel, agradezco mucho lo que usted está haciendo por mí.

--¡Ah! No se preocupe, si usted es amigo de Raúl, es amigo mío.

--Yo quisiera --continuó Papín-- llamar al hombre del taller a donde quien me dirijo. Pero, primero debo comunicarme a La Romana para decirle a mi familia que llegué vivo y para que me consigan el teléfono y la dirección del taller.

--¿Usted tiene teléfono allá? --preguntó mi tío.

--No. Pero llamaremos a los vecinos del frente de casa. Aceptarán la llamada con cargo revertido; ya acordé tal cosa con ellos.

Llamaron y Papín expresó su satisfacción por haber llegado a Puerto Rico. Trajeron a su mujer al teléfono y mi amigo habló con ella del viaje y de sus planes... por último, después de haberle explicado que estaba donde mi tío, le preguntó la dirección y el teléfono del taller. Y como ella no sabía nada de eso, acordaron que lo averiguaría y que tan pronto como pudiera, llamaría donde mi tío para darle esa información. Y dos horas más tarde, la mujer llamó y dio los datos a Papín. Para entonces, Nereida también había regresado del trabajo y yo me había comunicado a Santo Domingo. Hable con mi hermana Idalia. Se llenó de alegría al saberme a salvo en Puerto Rico.

Cuando Papín tomó el teléfono para llamar al taller de mecánica, yo estaba cerca de él y mi tío un poco más lejos; pero ambos estábamos a la expectativa. Notamos que Papín, al hablar con el hijo de su viejo amigo, daba explicaciones y parecía angustiado. Sin enganchar el teléfono, miró a mi tío y pidió al que escuchaba que esperara; tapó el receptor con la mano y con gran decepción dijo:

--Ese tipo dice ahora que tiene gente de más en el taller.

Al oír esto, mi tío se acercó y preguntó a Papín:
--¿El papá de ese hombre habló con él antes de hacerte venir para acá?

--Sí --con amargura contestó Papín--. Él le dijo a su padre que me pagaría el pasaje y los demás gastos, pero ahora alega que me tardé mucho en venir y que él debió emplear a otra persona.

Entonces mi tío le quitó el teléfono a Papín y, en tono muy firme, dijo al que aguardaba:

"…tengo entendido que tú y tu padre hicieron que este señor arriesgara su vida para venir a trabajar contigo. Si así fue, ya que el hombre está aquí, no le vengas con historias tristes…"

Argüían sin ponerse de acuerdo. Pero antes de enganchar el teléfono, en tono desafiante, mi tío le dijo:

--¡Te voy a llevar a este hombre ahora mismo!

Mi tío Manuel, hombre muy cariñoso, aunque a veces le sale algún resabio, es hermano de mi padre y durante los años de mi niñez, que pasé con mi abuela paterna, aunque era un mozo, siempre me trató con mucho cariño. Había sido guardia en la

República Dominicana. Después se integró a la Policía Nacional, donde fue instructor de pista y campo por varios años para el equipo deportivo de esa institución en Santo Domingo. Una de las grandes hazañas de mi tío en el deporte dominicano, fue convertirse, en dos ocasiones consecutivas, en campeón de los Juegos Nacionales del decatlón (1981-San Pedro de Macorís, 1983-Barahona) En San Pedro, estableció nuevos records nacionales en las diez categorías de los juegos. En Barahona, rompió todos los records previamente por él mismo establecidos. Aunque celebrado por la prensa y condecorado por el presidente de la República, mi tío fue uno de un puñado de deportistas excelentes que nunca vieron sus esfuerzos compensados y que, de devengar sueldos, no les alcanzaban ni siquiera para comer. Él, al igual que otras estrellas, decidió abandonar el país. Aceptó una beca de la Universidad puertorriqueña "Sagrado Corazón" para estudiar en puerto rico a cambio de formara parte del equipo deportivo de esa Universidad.  En Puerto Rico, la vida comenzó a serle menos dura.

A las cinco de la tarde, fui con mi tío y su esposa a llevar a Papín al taller de mecánica que estaba a unos cuantos kilómetros de la casa.  Al detenernos frente al establecimiento, mi tío dijo:

--¡Papín, venga conmigo!  Nereida y Raúl que esperen en el carro.

Entonces entraron al taller.  Quince minutos más tarde mi tío volvió al carro sin Papín. Dijo:

--El hombre no está conforme. Según él, hace mucho que

habló el asunto con su padre y las cosas ya han cambiado pues no tiene donde alojar a Papín y tampoco le hace falta mano de obra.

--¿Qué pasará con Papín? --le pregunté.

--Se quedará para cuidar el taller por las noches. Dormirá en uno de los carros viejos que hay ahí adentro.

Mientras regresábamos a la casa, mi tío añadió:

--Yo le dije a Papín que llamara a casa cuando quisiera y le prometí que esta misma noche, regresaría a traerle cena, una sábana y una almohada. No hay nada más que yo pueda hacer, al menos hasta que podamos resolver tu situación.

--Yo no tengo intenciones de quedarme aquí –le dije– Quiero seguir para los Estados Unidos, para Chicago.

--Comprendo --dijo mi tío--, pero es muy pronto para pensar en eso. Por ahora, tienes que quedarte en Puerto Rico. Cuando te hayas repuesto, buscaremos trabajo y después, si aún quieres irte, no te detendré.

En las semanas que siguieron a nuestra llegada, mejoré totalmente del pie lastimado y recuperé algunas de las libras perdidas. Papín, en tanto permaneció en el taller. Siempre nos comunicábamos por teléfono y los domingos, mi tío lo recogía para que nos acompañara a pasear por la isla. Papín nunca estuvo conforme en el taller. Al mes y medio de nuestra llegada a Puerto Rico, ya había tomado una insólita decisión. Un domingo por la tarde, en la hermosa playa de Luquillo, estábamos sentados sobre la arena, bajo los cocoteros. Papín miraba al mar y parecía transportado. Había mucha tristeza en su semblante. Me confesó:

--Raúl, voy a regresar a La Romana.

--¿Qué ha dicho usted? --pregunté alarmado.

--Sí. Me voy. Lo único que estoy haciendo aquí es pasando trabajo. Estoy ganando cincuenta dólares a la semana. Y eso no es dinero para mantenerme y sostener a mi familia. Yo hasta lloro por la falta que me hace mi hijita. Prefiero seguir jodido allá, pero entre la gente que quiero. No resisto más esta soledad.

--Por favor, Papín, siga luchando. Busque un mejor empleo o márchese para los Estados Unidos. Ya sabe cuánto pasamos para llegar hasta aquí. No se dé por vencido ahora.

--Desde que llegué he estado tratando de hallar otro trabajo; pero usted sabe cómo es el asunto cuando uno está indocumentado… y yo no tengo a nadie para donde ir en los Estados Unidos. Si tuviera a donde ir, me arriesgaría a que me agarren. Porque no está fácil pasar por ese aeropuerto… se oye que a cada rato apresan a los dominicanos que quieren pasarse para Nueva York.

--Papín, no vuelva ahora a Dominicana. ¿Qué va a hacer al

llegar? "Allá no hay vida."

Alzó un poco la cabeza. Su mirada se perdió en el horizonte. Sonrió desganadamente. Y me dijo:

--Haga usted lo que quiera. Yo me voy el viernes después de que cobre. Ya tengo mi carta de ruta y mañana compraré el boleto de regreso.

# CAPITULO 17

## *Puerto Rico: inhóspito para ilegales*

Una tarde calurosa de mediado de abril, salí a caminar por algunas calles cercanas, como otras veces. A poco rato, me alejaba despreocupado por la calle Ponce de León; contemplaba las casas, los letreros y todo lo que se movía. Y en un momento en que extendí la vista a lo largo de la acera, me llamó la atención un joven que caminaba cabizbajo en dirección contraria a la mía. En algo me pareció que era una persona conocida. Antes de cruzarnos me detuve. Él alzó la vista y me miró a la cara. Con gran asombro exclamó:

--¡Coño, Raúl! ¿Pero éste eres tú?

Mi sorpresa no fue menor que la suya. Era Nelson, ex compañero de trabajo en la agencia de alquiler de vehículos de Santo Domingo. Meses antes que yo, y de igual manera, había dejado el país. Regocijados por nuestro encuentro, nos dirigimos hacia la casa de mi tío mientras intercambiábamos impresiones sobre nuestras odiseas por el Mar Caribe. La suya, según me contó, no había sido muy distinta a la mía. Al llegar, continuamos hablando con más soltura.

--Supe que tienes trabajo --comenté.

--No. No tengo. Estaba trabajando en una gasolinera, pero lo dejé.
--¿Que lo dejaste?

--Bueno, en verdad, el trabajo me dejó a mí. Lo que pasó fue --explicaba él-- que querían despedirme porque no les llevaba pruebas de que estaba legal en este país. Ellos sabían que yo era dominicano, pero conseguí un acta de nacimiento y un seguro social de un pana mío, boricua. Con esos papeles me hice una identificación y dejé el trabajo pa' irme pa' Nueva York.

--¡Oh, entonces te vas para Nueva York! --interrumpí.

--Espérate, déjame decirte lo que pasó --dijo medio apresurado y continuó explicando:

--Yo tenía todo "redi" pa' irme. Había comprado el pasaje el sábado pasado pa' volar el domingo, bien temprano. En la noche del sábado, pa' celebrar la despedida, fui a bailar con los panas míos. Y mira "broder", en la disco, alguien me robó. Perdí la cartera con el boleto, la identificación y trescientos dólares que yo había juntado.
--¡Anda al diablo! --lamenté e inquirí:

--¿Y ahora qué vas a hacer?

--Bueno broder, 'ta fuerte. A mí me 'ta llevando el diablo. Aquí no aparece trabajo y menos si uno no tiene papeles...

Nelson continuaba hablando; y yo le miraba atento y al mismo tiempo pensé que él parecía más puertorriqueño que dominicano. Le comenté:

--Nelson, no creo que tengas problemas para cruzar el aeropuerto. Tú eres blanco como la mayoría de la gente de aquí, además, ya hablas igual que ellos.

--Eso dicen los panas míos --aprobó sonriendo.

--Yo en cambio despierto sospecha --dije--. Porque, aunque hay puertorriqueños negros, la mayoría no lo son. Sin embargo, la mayoría de los dominicanos somos de piel morena.

--En lo que más se fijan ellos --dijo Nelson-- es en la forma en que uno hable. En Santo Domingo creen que todos los puertorriqueños son blancos; pero aquí hay lugares como Loísa Aldea y Carolina en donde hay muchísimos boricuas prietos.

--¿De verdad?

--Sí. Créeme. Yo salgo muchísimo y me fijo. Lo que sí te aseguro es que esto aquí está chavado. Ya yo estoy cansado de estar aquí. Pero no quiero regresar jodido a Santo Domingo.

Nelson guardó silencio por unos segundos y pareció pensativo y ausente. Antes de volver a hablar, apretó los dientes y movió la cabeza como se hace al decir que no y entonces, en tono amargo, dijo:

--Nuestra gente allá cree que uno aquí está cargándose de

dólares. Ellos no pueden creer que a uno aquí se lo esté llevando el diablo…

Se disipó la alegría que sentimos al encontrarnos. Nelson seguía pintando un panorama triste. Pero después de muchos lamentos me preguntó:

--¿Y tú qué piensas a hacer?

--También he tratado de conseguir trabajo, pero hasta ahora nada. Llamé a la rentcar, a Santo Domingo, y me dieron los números de teléfono de algunos de los clientes que viven aquí. He hablado con todos, pero con ninguno he podido conseguir nada. He salido con mi tío en busca de empleo, pero en los pocos sitios donde pudiera haber vacantes, piden identificaciones y papeles que yo no tengo. --Pausé un instante y agregué--: Pienso irme a Chicago. ¿Te acuerdas que en Santo Domingo hablé de un buen amigo que tengo en esa ciudad?

--¡Oh sí, el que te llevó el par de tenis Nike!

--Ese mismo. Nosotros crecimos en el mismo lugar y estudiamos juntos. Es uno de esos amigos con quien uno se lleva mejor que con sus propios hermanos. He estado en comunicación con él. Insiste en que vaya a Chicago, que me ayudará en todo lo que esté a su alcance.

Nelson aprobó y sonriendo animado expresó:

--Tú `ta bien. Porque los dominicanos se van casi toditos pa'

Nueva York. A los que van pa' Chicago, seguro que ni los molestan al salir por el aeropuerto.

Yo, menos animado que él, le dije:

--Veremos qué pasa. Yo he ido al aeropuerto a fijarme como es el asunto. La terminal de cada línea aérea tiene una salida común para sus pasajeros y no hay forma de que los inspectores puedan saber de ante mano para donde uno va. Se sale por un mismo lugar para Nueva York, para Chicago o para cualquier otra ciudad a que vuele la línea aérea que uno escoja.

--Bueno --dijo Nelson--, de todas formas ¡pa'lante! Tú y yo sabemos de sobra que "el que no se arriesga no cruza la mar".

La tarde era joven aún, pero Nelson se levantó y me dijo:

--Broder, perdóname, pero tengo que irme. Debo llegar a Río Piedras adonde los panas míos a ver qué hay de nuevo.

--¿Y Río Piedras está lejos de aquí? --pregunté.

--No lejos. Está allí mismo.

--¿Allí mismo?

--Sí. Tal vez a un par de kilómetros. Ven conmigo para que conozcas.

Accedí a ir con él. Cerré la casa y nos pusimos en camino.

Después de cruzar por varias calles y andar cuesta arriba por otra, pensé que tendría problemas para regresar solo. Tras nosotros, subía un carro de patrulla que nos alcanzó y se aproximó a la acera por donde andábamos. Nos detuvimos cuando uno de los policías habló.

--¿De dónde son ustedes? --gritó desde adentro del carro.

--Soy de Río Piedras --contestó Nelson, dando un tono boricua a su voz.

--¿Y usted? --preguntó el policía, sin perder un segundo.

--Soy de Santurce --respondí tratando de parecer puertorriqueño al hablar. Y vi claramente cuando el otro policía rió y con vigor dijo:

--¡Tú no has dicho nada al decir Santurce! Santurce es grandísimo.

Me sentí turbado y confundido. Había contestado un disparate. Pero no esperé a que volviera a preguntar. De inmediato, en un desborde de información, le dije el nombre del barrio en que vivía, el de la calle, el número de la casa y le señalé con el índice por donde quedaba el sitio. Hasta debí aguantarme, pues ya le iba a preguntar que si quería que le llevara al lugar.

--¿Para dónde van ustedes? --volvió a decir el primer policía, aún sin rendirse.

--Yo voy pa' mi casa pa' Río Piedras - contestó Nelson.

--Y yo voy a visitarlo a él --agregué antes de que me hiciera la pregunta.

--Okey --dijo el policía. Y de inmediato se alejaron hasta perderse de vista después del final de la subida. Nelson y yo completamos el ascenso de la calle. Yo me detuve asustado. Le dije:

--Lo siento, pero no voy a seguir para allá. No quisiera que esta gente me aprese y me mande para Santo Domingo, después de todos los trabajos que yo pasé para llegar hasta aquí.

--¡Tienes razón, broder! --dijo. Y apuntando con el índice agregó:
--¿Ves aquello allá abajo? Eso es Río Piedras.

Me pareció que todavía faltaban al menos dos kilómetros para llegar. Por eso comenté:

--¡Y dijiste que era allí! ¿Verdad?

Sonrió. Continuó su camino. Y yo volví a casa a terminar de recuperarme del susto. Luego llegó la noche y también mi tío y su esposa.

# CAPITULO 18

## *Prefería la muerte a ser deportado*

El día en que por fin intentaría mi viaje a Chicago llegó: sábado 26 de abril. Muy ansioso, me levanté temprano. Mi tío y su esposa se marcharon a trabajar, a su regreso, por la tarde, me llevarían al aeropuerto. Quedé solo en la casa batallando con mis angustias. Pensé que me sentaría mejor morirme que volver deportado a Santo Domingo. Consideré que todo lo que había logrado en mi vida hasta ese momento no valía la pena sino llegaba al Norte. Imaginé lo mismo que me había estado perturbando el sueño cada noche: estaba de vuelta en Santo Domingo sin trabajo y sin recurso alguno, pasando hambre y estrechez y de nuevo ante los odiados pleitos de mamá.

Mis pensamientos optimistas se hacían desabridos al batirse con los derrotistas. Mi mente era el campo enmarañado de una batalla jamás antes librada. Las horas, al pasar, me arrancaban esperanzas, recuerdos y sinsabores:

"Lo lograré, pensaba, cruzaré ese aeropuerto. Yo soy fuerte y entiendo el problema. A cualquier cosa le haré frente y saldré victorioso. Yo merezco cruzar ese aeropuerto, después de tanto sufrimiento que soporté para llegar hasta aquí. Además, vivo en casa ajena. Mi tío me quiere, pero de todas formas estoy arrimado… ¡cóntrale, si me fuera bien y pasara! Ayer mostraron en la televisión a un grupo de treinta dominicanos indocumentados que repatriaron. Si me detienen, me llevarán esposado igual que a ellos. Me meterán a la cárcel y tendría mi hermano Gilberto que darse prisa y llevar dinero para arreglárselas con la policía para que yo salga libre el mismo día. ¿Y si mi hermano no apareciera a tiempo o si no apareciera el dinero? El dinero, cómo fastidia la vida el no tenerlo en un país donde impera la corrupción y hay que dejarse estafar para salir de la cárcel, para sacar una licencia de conducir, aunque uno sepa manejar, para obtener un acta de nacimiento o un pasaporte o hasta para conseguir una cédula de identificación personal. Si uno no está dispuesto a dejarse timar, halla mil trabas para todo. Luis, al verme llegar, se reirá. Yo lo haré callar. Me ruborizará un poco que todo el que supo que llegué hasta aquí me vea allá de nuevo. Pero tendré que acostumbrarme a todo eso. Además, ha sido interesante conocer Puerto Rico. Podré hablar de esta isla hermosa; otros jamás han llegado hasta aquí… ¡pero no! ¿De qué me valdría haber venido? No puedo permitir que me pase lo peor. Nada puede ser peor que volver a Santo Domingo deportado. Amo mi país, pero odio continuar siendo uno de sus siete millones de personas que ya están medio acostumbradas a que no haya luz ni agua, a que las calles no sirvan, a que en los hospitales no aparezca ni hilo para coserle las heridas a un paciente… debo ver el otro lado del prado. Tengo que ganar dólares, viajar, comprar libros, escuchar a la gente hablar inglés. Chicago debe ser una ciudad hermosa. La nieve blanca yo nunca he palpado. Si vuelvo derrotado a Santo Domingo, tendré mucha lástima de mí. Si me apresan en el aeropuerto, yo debería morirme ahí mismo."

Más tarde, mis pensamientos más optimistas ganaban la batalla. Fortalecido con ellos, sentía gran paz. Y cuando llegamos al aeropuerto Luis Muñoz Marín, en Isla Verde, Puerto rico, yo tenía una serenidad que me dejaba atónito. Pero no quería meditar sobre ella. Temía que desapareciera en los trascendentales momentos en que, finalmente, intentaría irme a los Estados Unidos. Mi tío me llevó al aeropuerto acompañado de Nereida y de Yajaira. Nereida, por nerviosismo, prefirió esperar en el carro. Mi tío, cargando a su hija de dos años, fue conmigo hasta donde debía chequear mi boleto. Cuando yo estaba en la fila, mi tío se colocó a un lado de mí. Yo estaba seguro de que él sentía más angustia que yo. Lo noté porque apretaba fuertemente a Yajaira mientras con gestos impacientes miraba en todas direcciones. En el mostrador, entregué mi boleto.
Una joven me atendió. Preguntó:

--¿Y su equipaje, dónde está?

--Sólo traigo esta mochila y quiero llevarla conmigo.

--Está bien. Vaya a aquella salida principal allá adelante. Busque la puerta A35. Debe apresurarse; su vuelo está al despegar

Para no contagiarme del nerviosismo, me aproximé a la salida indicada sin echar otra mirada a mi tío. Hallé unos diez viajeros antes de mí. Cada uno depositaba su equipaje de mano en la banda giratoria, pasaba a través del detector de metales y al otro lado recogía su equipaje y continuaba. En la fila, eché un vistazo discreto al pasillo que había después de los dispositivos de seguridad. A doce metros de ellos, había un hombre que, sin duda, trabajaba para el Departamento de Inmigración. Miraba con atención a los viajantes. Yo todavía estaba calmado, pues me había autosugestionado con pensamientos positivos. Ellos me llevaron a creer que ni siquiera me iban a detener para hacerme ninguna pregunta. Pero dudé de ello cuando vi que el hombre de inmigración, después de detener a un viajero joven, también atajó a una mujer de unos cincuenta años. Ambos debieron mostrar sus documentos. En pocos instantes, sólo quedaba ante mí una familia norteamericana de cuatro miembros. Deduje su nacionalidad por el color rubio de su piel, los cabellos amarillo dorado y el idioma en que hablaban. Cuando pasaron, el hombre no los detuvo. Apenas hizo gestos de saludos. Yo era el próximo en cruzar. Había pasado el detector de metales y esperaba por mi mochila. Volví a mirar al hombre y vi que tenía la vista fija en mí. Tomé mi equipaje y me dispuse a pasar por el lado de aquel hombre. Pero él se atravesó en medio, como perro que impide el paso. Debió estar seguro de que yo era dominicano.

Yo, que había salido de la casa de mi tío con la convicción de que todo me iba a salir bien, seguro de que llegaría a los Estados Unidos y que, con mi trabajo honrado, me abriría camino, días antes había asegurado a mi tío:

"Yo llegaré a Chicago. Trabajaré, estudiaré, legalizaré mi estatus migratorio y volveré aquí para seguir conociendo con más tranquilidad esta "Isla del Encanto." También regresaré a Santo Domingo, de donde no hubiera emigrado si al menos hubiera habido la esperanza de una vida mejor."

Mi futuro estaba en juego en esos segundos. Ser un hombre alto, moreno y de pelo negro eran factores que medio delataban mi nacionalidad. Yo lo sabía... Pero no perdí la calma. Me había estaba repitiendo con determinación:

"Yo pasaré este aeropuerto, aunque sea a fuerza de gritos o amenazas. Yo pasaré; soy ciudadano norteamericano y nadie tiene derecho a detenerme."

El oficial de inmigración, que no había usado la misma presteza con las dos personas que me precedieron, rápidamente se plantó frente a mí, ansioso. Me detuve y él, para escuchar mi voz y confirmar su intuición, dijo con una sonrisa:

--¡Buenas tardes, señor! ¿Cuál es su nacionalidad?

Dejé escapar unos segundos antes de contestar. Me mostraré sorprendido y turbado y, fingiendo no haberle comprendido, con una sonrisa y con rostro de incógnita, alcé la voz y en mi mejor inglés le dije:

--Good afternoon, sir! Anything wrong?

(¡Buenas tardes, señor! ¿Algún problema?)

--Nothing wrong, sir! Have a nice trip!
(¡Ningún problema, señor! ¡Que tenga buen viaje!)

Me alejé del hombre aquel que continuó bregando con quienes venían detrás de mí. Yo no miré atrás. Apresuré el paso hasta alcanzar a la familia norteamericana. Con ellos me informé donde estaba mi avión.

Poco después de que yo entré, cerraron la puerta del avión. Era una nave grande y estaba casi llena. Tomé mi asiento. "Lo logré, eufórico pensé, ya estoy aquí, soy sólo uno más entre todas estas gentes. De aquí ya nadie me va a sacar...lo logré." En pocos instantes, el avión se movía buscando la pista de despegue, y minutos después, alzó el vuelo. Mi primer vuelo en avión. ¡Cuánto gozo empapaba mi regocijado ser! Mi alegría era inmensa. Había comenzado tan pronto como aquel hombre me dejó pasar, aumentó cuando ocupé mi asiento en la nave y se incrementó cuando, después de anunciar la partida, el avión inició su vuelo majestuoso.

En el aire, no pude contener mi inmensa felicidad. La ventanilla fue testigo de mis abundantes lágrimas. Me embargaban unas ganas inmensas de ponerme de pie y de gritarle a todos cuan contento estaba. Pero no... No dije nada. Ordené una cerveza, otra y otra. Celebré yo solo el triunfo que me acercaba a un mundo nuevo, maravilloso y amplio. Ilusionado, llorando, pensaba: "Llegaré a los Estados Unidos, al Norte, lo que desde niño soñé, la razón por la cual estudié inglés. Llegaré por fin a los Estados Unidos".

Desde mi asiento, a través de la ventanilla, veía las blancas nubes sobre las que volábamos que parecían suspendidas e inmóviles sobre el océano de un azul intenso. A mi lado una pareja norteamericana, que iba a Chicago, me dio detalles de esa ciudad.

Hicimos escala por una hora en Atlanta, Georgia. Yo aguardé todo el tiempo en la nave. Temía encontrarme con problemas fuera. El avión se elevó nuevamente. Horas después estaría en el aeropuerto O'Hare de Chicago. Allí debería estar esperándome Carlos, mi querido y viejo amigo. Y, a las ocho y treinta de la noche, el avión sobrevolaba el centro de la ciudad de Chicago. El cielo despejado permitía ver el cementerio de luces coloridas y de colosales edificios que se desplegaban abajo, en la gran planicie.

Yo estaba maravillado. Salí de la aeronave, tonto de contento. Me embelesaba la modernización que notaba a cada paso en los letreros computarizados, los quioscos bien diseñados y bien dispuestos, las escaleras eléctricas, el alto techo... Me impresionó la amplitud del lugar con su infinidad de pasillos llenos de gente que venía e iba hablando en inglés con toda naturalidad. Pero no podía hallar a mi amigo. A veinte minutos de haber desembarcado, todavía seguía sin encontrarlo y me empezaba a desesperar. Me acerqué a un teléfono público y, a diferencia de lo que sucedía en Santo Domingo y en Puerto Rico, diez centavos no fueron suficientes para llamar. Una grabación dijo y repitió en pausado inglés:

"Deposité veinticinco centavos, por favor".

Me pareció muy caro. Pero no perdí mi dinero ya que nadie contestó el teléfono. Continué buscando y sin alejarme del área correspondiente a la línea aérea en que había llegado. Seguí telefoneando a casa de Carlos de rato en rato. En una de las ocasiones en que usé el teléfono, se acercó a mí, algo vacilante, un joven de aspecto amable y me habló en español:

--¿Tú eres Raúl? --pregunto tímidamente.

¡Sí! ¡Yo soy! --respondí emocionado.

--Soy Ángel, amigo de Carlos. Él y yo te hemos estado esperando abajo.

--¿Abajo?

--Sí. Abajo; donde la gente recoge sus maletas.

--Yo sólo traigo esta mochila –le dije-.

Bajamos y, entre la gente que esperaba o buscaba sus equipajes, encontramos a Carlos. El saludo fue un abrazo muy fuerte y con tanto sentimiento que las lágrimas acudieron a nuestros ojos. Y entonces, empapados de regocijo, tomamos el carro de mi amigo y en veinte minutos llegamos a su apartamento, en la Avenida Wabansia, a diez minutos del centro de la ciudad.

Poco después de que llegamos, Ángel se marchó. Entonces Carlos y yo comenzamos a hablar de mi travesía. Le referí todo lo acaecido desde mi salida de Santo Domingo hasta mi arribo a Chicago. Le continué contando sobre ello mientras él me mostraba cada rincón del apartamento. En la sala, el componente musical me pareció extraordinario, con todas sus partes separadas y distribuidas en el estante que simulaba caoba y donde también estaba el televisor de catorce pulgadas, a control remoto. El teléfono se hallaba en una mesita lateral. El baño, el comedor, todo me agradó. Cuando pasábamos del comedor a la cocina, Carlos dijo:

--Partí para el aeropuerto poco después de salir del trabajo y no tuve tiempo para cocinar, pero cocinaré en un momento. Debes de tener hambre.

Entonces, abrió la nevera y preguntó:

--¿Qué te gustaría comer?

Me acerqué y miré los alimentos. Los contemplé por unos instantes sin contestar. Me impresionaba ver lo bien surtida que estaba la nevera con pollos enteros, carne de res, queso, chuletas, manzanas, uvas, leche, jugo de naranja, de piña y de manzana, además de muchas otras cosas que, sin dudas se comían, pero que yo no conocía. Mi amigo pensó que yo deliberaba sobre lo que quería comer. Finalmente cocinó un pollo entero, arroz y habichuela. Me sirvió dos pedazos que eran exactamente la mitad del pollo. Se veía suntuoso. Comí hasta no querer más. Y pensé en Santo Domingo, en mi familia, en los vecinos, en la gente con hambre de esos barrios donde nunca se come de este modo; donde nada sobra y pocas veces llega uno a decidir que no quiere comer más y en donde hay alguien siempre dispuesto a comerse lo que el otro no se pudo comer y éste quisiera guardarlo para más tarde, para cuando vuelva a tener hambre." Pensando en estas cosas, dije a mi amigo:

--La vida aquí parece ser muy distinta a la de los barrios de nuestro país. Si se tiene qué comer, el hambre no parece gran cosa. Sólo el hambriento conoce los estragos del hambre. De los tantos males nuestros, el que la gente pase hambre es el peor.

--Yo sufrí todas esas cosas más que tú. En tu casa había una fritura. Al menos tenían comida. Pero tú sabes que en casa todo lo que ingresaba era lo poco que yo conseguía cosiendo en la sastrería de don Nélsido.

Riendo protesté:

--Acuérdate, Carlos, que mi mamá siempre ha tenido las provisiones de la fritura cerrada con candado. Si hubiera dejado esos alimentos donde los hijos les echáramos mano, el negocito hubiera quebrado a los tres días...

Mi amigo y yo hablamos regocijadamente hasta avanzada la noche. Amaneció al domingo y, como era su día libre, lo aprovechó para mostrarme la ciudad y también me llevó al Hospital del Condado de Cook para que comenzara a tratar mis dolencias estomacales de inmediato.

Pasaron los primeros días y todavía no me acostumbraba del todo a la idea de estar en Chicago. No lo creía cabalmente, aunque oía este nombre en las estaciones de radio y de televisión. Lo veía en cualquier letrero. La ciudad se me mostraba con sus casas y edificios antiguos y modernos, sus calles llenas de luces y los árboles pelados por el pasado otoño y por el invierno frío. Me quedaba solo en casa mientras mi amigo se iba a trabajar. Me sentía dichoso por haber completado mi travesía y por poder contar con tan especial amigo que contestaba todas mis inquietudes sobre Chicago y continuaba dándome detalles interesantes. Cuando íbamos al centro de la ciudad, debía notarse que yo era recién llegado. Me sorprendían los grandes y suntuosos edificios, entre ellos el Sears Tower, de ciento diez pisos de alto, era el edificio más alto del mundo. Me maravillaba el Lago Míchigan. Las aguas azules de ese lago traían a mi mente cosas que quería olvidar. Deseaba tan sólo disfrutar la vista de sus aguas tranquilas y de sus cientos y cientos de yates y botes veleros. Cosas semejantes y otras no tan gratas, a las que luego me tuve que enfrentar, me fueron convenciendo, poco a poco, de que estaba por fin en Chicago, en los Estados Unidos de Norteamérica.

# Índice

# Colofón

Esta tercera edición de *La travesía en yola: Odiseas
a Puerto Rico*, de Raúl Martínez Rosario, se terminó
de imprimir en agosto de 2020 en los Estados Unidos.

*Obsidiana Press*

www.obsidianapress.net

e-mail:

editores@obsidianapress.net

Tel.: (917) 853-5095